BestMasters

Mit **„BestMasters“** zeichnet Springer die besten Masterarbeiten aus, die an renommierten Hochschulen in Deutschland, Österreich und der Schweiz entstanden sind. Die mit Höchstnote ausgezeichneten Arbeiten wurden durch Gutachter zur Veröffentlichung empfohlen und behandeln aktuelle Themen aus unterschiedlichen Fachgebieten der Naturwissenschaften, Psychologie, Sozialwissenschaften, Technik und Wirtschaftswissenschaften. Die Reihe wendet sich an Praktiker und Wissenschaftler gleichermaßen und soll insbesondere auch Nachwuchswissenschaftlern Orientierung geben.

Springer awards **“BestMasters”** to the best master’s theses which have been completed at renowned Universities in Germany, Austria, and Switzerland. The studies received highest marks and were recommended for publication by supervisors. They address current issues from various fields of research in natural sciences, psychology, social sciences, technology, and economics. The series addresses practitioners as well as scientists and, in particular, offers guidance for early stage researchers.

Denise Gründel

Künstliche Intelligenz in der Marketingabteilung

Status quo und Potenziale

Springer Gabler

Denise Gründel
Betriebswirtschaftslehre
FHDW Hannover
Hannover, Deutschland

Die vorliegende Arbeit basiert auf einer Masterarbeit, die 2024 an der Fachhochschule für die Wirtschaft Hannover im Fachbereich Betriebswirtschaftslehre mit dem Schwerpunkt Marketing- und Vertriebsmanagement unter der Betreuung von Prof. Dr. Torsten Spandl eingereicht wurde.

ISSN 2625-3577 ISSN 2625-3615 (electronic)
BestMasters
ISBN 978-3-658-50036-8 ISBN 978-3-658-50037-5 (eBook)
https://doi.org/10.1007/978-3-658-50037-5

Die Deutsche Nationalbibliothek verzeichnet diese Publikation in der Deutschen Nationalbibliografie; detaillierte bibliografische Daten sind im Internet über https://portal.dnb.de abrufbar.

Planung/Lektorat: Karina Kowatsch
Springer Gabler ist ein Imprint der eingetragenen Gesellschaft Springer Fachmedien Wiesbaden GmbH und ist ein Teil von Springer Nature.
Die Anschrift der Gesellschaft ist: Abraham-Lincoln-Str. 46, 65189 Wiesbaden, Germany

Vorwort

Die vorliegende Arbeit stellt eine überarbeitete Fassung meiner Masterthesis dar, die im Jahr 2024 an der Fachhochschule für die Wirtschaft in Hannover eingereicht wurde. Entstanden ist diese Arbeit vor dem Hintergrund, dass das Thema künstliche Intelligenz zunehmend an Bedeutung gewann und nahezu täglich neue Entwicklungen zu beobachten waren. Mein besonderes Interesse gilt dem Marketing, weshalb diese Arbeit darauf abzielt, die Einsatzmöglichkeiten von künstlicher Intelligenz in Marketingabteilungen sowie deren bisherigen Verbreitungs- und Nutzungsgrad in der Praxis zu analysieren.

An dieser Stelle möchte ich all jenen danken, die mich bei der Erstellung dieser Arbeit in vielfältiger Weise unterstützt haben. Mein besonderer Dank gilt meinem Erstbetreuer, Herrn Prof. Dr. Torsten Spandl, der mich mit wertvollen Hinweisen, konstruktivem Feedback und fachlicher Expertise begleitet hat. Ebenso danke ich Frau Prof. Dr. Barbara Heine, die mich bei statistischen Fragen unterstützt hat.

Darüber hinaus danke ich meiner Familie und meinen Freund:innen für ihre emotionale Unterstützung sowie für die Hilfe bei der Verteilung des Fragebogens, die eine fundierte Auswertung und belastbare Ergebnisse erst möglich gemacht hat. Mein Dank gilt zudem dem Marketing Club Hannover für die Unterstützung bei der Verbreitung der Umfrage.

Denise Gründel

Inhaltsverzeichnis

Abkürzungsverzeichnis

4P	Marketing-Mix, vier Instrumente: Product (Produkt), Price (Preis), Place (Distribution) und Promotion (Kommunikation)
AI	Artificial Intelligence
AMA	American Marketing Association
β	Regressionskoeffizienten
DIM	deutsches Institut für Marketing
DSGVO	Datenschutz-Grundverordnung
dt.	Deutsch
ε	Fehler (Störgröße)
engl.	Englisch
et al.	et alia; und andere
F	Frage
H	Hypothese
KI	Künstliche Intelligenz
N	Gesamtanzahl
NLP	Natural Language Processing
r	Korrelationswert
R^2_{korr}	korrigierte Bestimmtheitsmaß
ρ	Rho
Sig.	Signifikanz
USP	Unique Selling Proposition
VIF	Variance Inflation Factor
X	unabhängige Variablen
Y	abhängige Variable

Abbildungsverzeichnis

Tabellenverzeichnis

Einleitung 1

1.1 Ausgangssituation und Problemstellung

Der aktuelle Diskurs in der Geschäftswelt ist von einem dominierenden Thema geprägt: dem Einsatz von künstlicher Intelligenz (KI, engl. Artificial Intelligence). Insbesondere für das Marketing wird verstärkt über die Rolle der Technologie diskutiert. Der Grund dafür liegt in der Überzeugung, dass künstliche Intelligenz das Marketing wesentlich verbessern kann, indem sie Unternehmen dabei unterstützt, Kundenbedürfnisse genauer zu erfassen und die Marketingaktivitäten effizienter zu gestalten.[1]

Die Ergebnisse einer aktuellen Online-Umfrage aus dem Januar 2024 zeigen, dass 83 Prozent der Marketingverantwortlichen in Deutschland bisher keine direkten Erfahrungen mit künstlicher Intelligenz im Marketing haben. Dennoch haben fast 90 Prozent der Teilnehmer einen deutlichen Bedarf an der Nutzung von KI im Marketing identifiziert.[2] Gemäß einer weltweiten Befragung aus 2023 setzen bereits 47 % der Marketingverantwortlichen künstliche Intelligenz in ihren Marketingaktivitäten ein.[3] Eine Prognose von Statista sagt voraus, dass das Marktvolumen für KI im Jahr 2030 1.847.495 Millionen US-Dollar erreichen wird. Im Vergleich dazu betrug das Marktvolumen im Jahr 2022 142.319 Millionen US-Dollar. Basierend auf dieser Prognose wird sich der Markt für künstliche Intelligenz in den kommenden Jahren um mehr als das Zwölffache erhöhen.[4]

[1] Vgl. Pieper, J. (2023), S. 221–222.

[2] Vgl. Brand Science Institute (2024, Januar).

[3] Vgl. Ascend2 (2023, März).

[4] Vgl. Next Move Strategy Consulting (2023, Januar).

D. Gründel, *Künstliche Intelligenz in der Marketingabteilung*, BestMasters,
https://doi.org/10.1007/978-3-658-50037-5_1

Trotz der Erkenntnis, dass das Marketing erheblich vom Einsatz künstlicher Intelligenz profitieren kann und der erkannten Notwendigkeit für einen verstärkten Einsatz sowie des erwarteten starken Marktwachstums integrieren nur wenige Unternehmen künstliche Intelligenz in ihre Marketingaktivitäten. Der Anstieg ist zudem moderat. Eine Umfrage von Bünte, C. zeigt, dass dies insbesondere auf den Mangel an Erfahrung und Wissen im Umgang mit KI zurückzuführen ist. Gleichzeitig behindern unterschiedliche Meinungen der Mitarbeiter über die Technologie eine umfassende Einführung.[5] Durch den Mangel an Fähigkeiten und Verständnis für künstliche Intelligenz sowie Sorgen und Vorbehalte stehen Unternehmen vor der Herausforderung, das Potenzial und die Anwendungsmöglichkeiten von KI im Marketingprozess zu erkennen und zu identifizieren.[6]

Demnach besteht Unklarheit darüber, welche Anwendungsmöglichkeiten von künstlicher Intelligenz es in der Marketingabteilung gibt oder wie die Technologie bei den anfallenden Aufgaben unterstützen kann. Die Uneinigkeit der Mitarbeiter bezüglich der Nutzung und Auswirkungen führt zudem zu einer Verzögerung der Implementierung. Langfristig kann hierdurch die Wettbewerbsfähigkeit beeinträchtigt werden.[7]

1.2 Zielsetzung und Forschungsfragen

Das übergeordnete Ziel dieser Masterarbeit ist es, Handlungsempfehlungen für Unternehmen im Hinblick auf den Einsatz von künstlicher Intelligenz in Marketingabteilungen abzuleiten. Hierzu wird in den theoretischen Grundlagen die Anwendung von KI im Marketing analysiert und mit den empirischen Erkenntnissen aus Befragungen kombiniert. Aus der Zielsetzung ergibt sich die **primäre Forschungsfrage**:

> „Welche konkreten Handlungsempfehlungen lassen sich für Unternehmen bezüglich des Einsatzes von künstlicher Intelligenz in der Marketingabteilung ableiten?“

Im Rahmen dieser Zielsetzung werden folgende **unterstützende Forschungsfragen** formuliert:

[5] Vgl. Bünte, C. (2021b), S. 4.
[6] Vgl. Terstiege, M./ Cinar, M. (2021), S. 266.
[7] Vgl. Bünte, C. (2021b), S. 10.

Forschungsfrage 1: In welchen Aufgabenbereichen der Marketingabteilung kann künstliche Intelligenz eingesetzt werden?
Trotz des Bewusstseins der Marketingverantwortlichen über die Relevanz des Einsatzes von KI im Marketingumfeld zeigt sich in den Studien eine eher zurückhaltende Nutzung. Diese Zurückhaltung ist primär auf einen Mangel an Wissen und Erfahrung zurückzuführen. Vor diesem Hintergrund sollen die potenziellen Anwendungsmöglichkeiten von künstlicher Intelligenz im Marketing untersucht werden.

Forschungsfrage 2: Wo und in welchem Umfang wird künstliche Intelligenz gegenwärtig in der Marketingabteilung eingesetzt?
Die Forschungsfrage zielt darauf ab, einen Einblick in den aktuellen Stand des Einsatzes von künstlicher Intelligenz im Marketing zu gewinnen. Mithilfe einer Befragung soll hierbei untersucht werden, in welchem Umfang die Technologie genutzt wird, welche konkreten Anwendungsmöglichkeiten von künstlicher Intelligenz bereits in Marketingabteilungen implementiert sind und ob bestimmte Unternehmen eher künstliche Intelligenz im Marketing einsetzen. Durch die Identifizierung von aktuellen Nutzungsmustern sollen Erkenntnisse gewonnen werden, die als Grundlage für die Entwicklung von Empfehlungen für Unternehmen dienen.

Forschungsfrage 3: Inwieweit führt der Einsatz von künstlicher Intelligenz in der Marketingabteilung zu Verbesserungen?
Um die Auswirkungen des Einsatzes von künstlicher Intelligenz zu verstehen, werden die Potenziale identifiziert, die durch den Einsatz realisiert werden können. Darüber hinaus wird untersucht, welche Verbesserungen bereits in der Praxis wahrgenommen werden.

Forschungsfrage 4: Welche Faktoren beeinflussen die Nutzung von künstlicher Intelligenz in der Marketingabteilung?
Diese Forschungsfrage konzentriert sich darauf, die Faktoren bzw. Herausforderungen zu untersuchen, die die Implementierung und Nutzung von KI in Marketingabteilungen beeinflussen können. Durch eine Befragung soll die Relevanz dieser Faktoren herausgearbeitet werden.

Die Beantwortung dieser Forschungsfragen anhand der theoretischen Grundlagen und empirischen Forschung ermöglicht einen fundierten Einblick in die Anwendungsmöglichkeiten, Potenziale und Herausforderungen von künstlicher Intelligenz im Marketing. Diese Forschungsfragen dienen als Leitfaden für die

Untersuchung der Anwendung von KI in der Marketingabteilung. Die Ergebnisse bilden die Grundlage für die Ableitung praxisrelevanter Handlungsempfehlungen.

1.3 Aufbau der Arbeit

Die Thesis beginnt mit den theoretischen Grundlagen, die den inhaltlichen Rahmen bilden. Hierbei wird im zweiten Kapitel der Begriff „Marketing“ erklärt sowie die Abläufe und Aufgaben in der Marketingabteilung aufgezeigt. Es folgt eine Erklärung und Einordnung des Begriffes „künstliche Intelligenz“ und die Beschreibung der Teilbereiche der Technologie. Im Anschluss wird aufgezeigt, welche Aufgaben künstliche Intelligenz in der Marketingabteilung unterstützen kann und welche Potenziale sowie Herausforderungen mit dem Einsatz einhergehen. Auf Basis der erzielten Erkenntnisse aus der Literatur wird in Kapitel drei ein Zwischenfazit in Bezug auf die Forschungsfragen gezogen. Im vierten Kapitel wird das Vorgehen der empirischen Forschung beschrieben. Die empirische Forschung dient zur ganzheitlichen Beantwortung der Forschungsfragen im Hinblick auf den Status quo in Unternehmen. Ausgangspunkt der Forschung bilden die gewonnenen Erkenntnisse der theoretischen Grundlagen. Zunächst werden hierzu die Forschungsmethode und die Stichprobe beschrieben. Im Rahmen dieser Thesis wird eine quantitative Forschung gewählt. Hierzu wird eine standardisierte Online-Befragung durchgeführt, die deskriptiv und statistisch ausgewertet wird. In diesem Kapitel werden ebenfalls der Ablauf sowie Aufbau der Befragung und die Datenaufbereitung dargestellt. Die Ergebnisse der Befragung werden in Bezug auf die Forschungsfragen und Hypothesen im fünften Kapitel aufgeführt. Im sechsten Kapitel werden die Ergebnisse diskutiert und Handlungsempfehlungen abgeleitet. Die Arbeit wird mit einem Fazit und Ausblick im siebten Kapitel abgeschlossen.

Aufgrund der besseren Lesbarkeit wird in der vorliegenden Arbeit auf die genderneutrale Sprache verzichtet. Die Personenbezeichnungen gelten für alle Geschlechter.

Theoretische Grundlagen 2

2.1 Marketing

2.1.1 Begriffserklärung und Einordnung von Marketing

Der Begriff „Marketing“ leitet sich von „Market“ (dt. Markt) ab, was den Fokus des Marketings auf den Markt und den Kunden betont. Dies umfasst sowohl Konsumenten als auch Unternehmen als potenzielle Abnehmer von Produkten oder Dienstleistungen.[1]

Die Bedeutung von „Marketing“ hat sich seit den 1950er Jahren verändert. In dieser Zeit erfolgte ein Übergang der Absatzmärkte von Verkäufermärkten, die durch Mangelwirtschaft und Nachfrageüberhang geprägt waren, hin zu Käufermärkten. Käufermärkte kennzeichnen sich durch Überfluss und Wohlstand in der Gesellschaft sowie durch einen Angebotsüberhang. Der Käufer bestimmt im Käufermarkt wesentliche Aspekte wie die Produktauswahl, den Preis, den Vertriebskanal und die bevorzugte Kommunikation sowie Servicequalität. Einhergehend mit dieser Entwicklung kam es zu einem Wandel des Engpassbereichs, sodass der Fokus von Unternehmen zu Beginn auf der Beschaffung und Fertigung lag und heute auf der Vermarktung und dem Absatz liegt. Aufgabe von Unternehmen ist es, die Nachfrage anzuregen und zu steuern.[2]

Marketing ist ein Konzept, das seit Jahrzehnten erforscht und diskutiert wird. Verschiedene Autoren haben versucht, den Begriff des Marketings zu erklären,

---

[1] Vgl. Kreutzer, R. T. (2022), S. 6.

[2] Vgl. Kreutzer, R. T. (2022), S. 6–7 und Meffert, H./ Burmann, C./ Kirchgeorg, M./ Eisenbeiß, M. (2024), S. 5, 7.

D. Gründel, *Künstliche Intelligenz in der Marketingabteilung*, BestMasters,
https://doi.org/10.1007/978-3-658-50037-5_2

was zu unterschiedlichen Definitionen geführt hat. Eine Betrachtung ausgewählter Definitionen von Marketing ermöglicht es, ein tieferes Verständnis für das Konzept zu entwickeln.

Nach Meffert et al. beschreibt Marketing aus der klassischen ökonomischen Sicht alle Aktivitäten eines Unternehmens, die sorgfältig geplant, koordiniert und überwacht werden, um sowohl die aktuellen als auch potenziellen Märkte anzusprechen. Das Ziel besteht darin, die Bedürfnisse der Kunden kontinuierlich zu erfüllen, damit die Unternehmensziele langfristig erreicht werden können.[3]

Die American Marketing Association (AMA) definiert Marketing wie folgt: Marketing umfasst sämtliche Aktivitäten, Institutionen und Prozesse, die darauf ausgerichtet sind, Angebote zu schaffen, zu kommunizieren, bereitzustellen und auszutauschen, die für die Gesellschaft, Partner, Kunden und Klienten insgesamt einen Wert darstellen.[4] Das Deutsche Institut für Marketing (DIM) schließt sich dieser Definition ebenfalls an.[5]

Marketing umfasst nach Kotler et al. aus einer betriebswirtschaftlichen Perspektive die Schaffung profitabler und wert-/nutzenhaltiger Austauschbeziehungen mit Konsumenten. Es handelt sich um einen Prozess, bei dem es darum geht, einen Wert für Konsumenten zu generieren und langfristige Kundenbindungen aufzubauen. Im Austausch erhalten die Unternehmen von den Kunden einen Wert zurück, der sich beispielsweise in Form von Umsätzen und Kundenloyalität manifestiert.[6]

Bruhn formuliert Marketing als eine unternehmerische Denkhaltung, die sich in verschiedenen Bereichen wie der Analyse, Planung, Durchführung und Kontrolle aller Aktivitäten – intern und extern – widerspiegelt. Im Fokus steht dabei die Ausrichtung der Produkte oder Dienstleistungen von Unternehmen an den Bedürfnissen der Kunden, um absatzmarktbezogene Ziele zu realisieren. Marketing hat somit eine zentrale Rolle in der Unternehmensführung und ist als ein Leitkonzept sowie eine Unternehmensphilosophie zu verstehen.[7]

Aus allen aufgeführten Definitionen von Marketing geht die zentrale Bedeutung von Austauschbeziehungen und der Kundenorientierung des Unternehmens hervor. Die Kundenorientierung umfasst nicht nur die aktuellen, sondern auch zukünftigen Bedürfnisse und Wünsche der Kunden. Zudem wird Marketing als ein zielorientiertes Konzept verstanden. Zur Erreichung der Ziele benennen die Autoren die Nutzung von Aktivitäten und/oder Prozessen. Einige Definitionen

---

[3] Vgl. Meffert, H./ Burmann, C./ Kirchgeorg, M./ Eisenbeiß, M. (2024), S. 9.

[4] Vgl. American Marketing Association (o. D.).

[5] Vgl. Bayer, K. (2020, Juni 3).

[6] Vgl. Kotler, P./ Armstrong, G./ Wong, V./ Saunders, J. (2011), S. 39.

[7] Vgl. Bruhn, M. (2022), S. 2.

beschreiben explizit die Analyse, Planung, Durchführung und Kontrolle aller Aktivitäten. Zudem führt die AMA auf, dass Marketing neben den Kundenbedürfnissen auch die Bedürfnisse weiterer externer Stakeholder berücksichtigen muss. Bruhn formuliert eindeutig die zentrale Rolle des Marketings in der Unternehmensführung.

In Anlehnung an die Definitionen wird Marketing im Rahmen dieser Arbeit als eine zentrale Rolle in der Unternehmensführung und als Prozess verstanden, der die Analyse, Planung, Durchführung und Kontrolle aller Aktivitäten umfasst, um sowohl die aktuellen als auch potenziellen Märkte zu adressieren. Der Fokus liegt auf der Orientierung von Produkten und Dienstleistungen an den Bedürfnissen der Kunden. Dabei wird ein Wert für Kunden geschaffen, um Unternehmensziele durch einen Wertaustausch zu erreichen. Zudem werden in dem Prozess ebenfalls weitere Anspruchsgruppen, wie beispielsweise Partner und die Gesellschaft, berücksichtigt.

2.1.2 Abläufe und Aufgaben in der Marketingabteilung

Der in Abschnitt 2.1.1 beschriebene Prozess im Marketing, der die **Analyse**, **Planung**, **Durchführung** und **Kontrolle** aller Aktivitäten umfasst, wird Marketingprozess oder Marketingmanagementprozess genannt. Aus diesem Marketingprozess gehen der Ablauf und die Aufgaben der Marketingabteilung hervor.[8]

Ein Marketingprozess wird unter anderem von Kotler et al.,[9] Lucco et al.,[10] Scharf et al.,[11] Fröhlich et al.,[12] Runia et al.[13] und Meffert et al.[14] aufgeführt. Im Rahmen dieser Arbeit wird der Marketingmanagementprozess von Meffert et al. als Grundlage zur Ableitung der Aufgaben in der Marketingabteilung gewählt. Die Entscheidung basiert darauf, dass der Marketingprozess von Meffert et al. weitgehend die formulierten Prozessaktivitäten anderer Autoren einschließt und somit eine ganzheitliche Betrachtung der Aufgaben und Abläufe in der Marketingabteilung gewährleistet. Die Abbildung 2.1 veranschaulicht den Marketingprozess nach Meffert et al.

---

[8] Vgl. Meffert, H./ Burmann, C./ Kirchgeorg, M./ Eisenbeiß, M. (2024), S. 19–20 und Fröhlich, E./ Lord, S./ Steinbiß, K./ Werber, T. (2018), S. 14–15.

[9] Vgl. Kotler, P./ Armstrong, G./ Wong, V./ Saunders, J. (2011), S. 39.

[10] Vgl. Lucco, A./ Rüeger, B./ Ergenzinger, R./ Thommen, J. (2016), S. 27.

[11] Vgl. Scharf, A./ Schubert, B./ Hehn, P. (2022), S. 64.

[12] Vgl. Fröhlich, E./ Lord, S./ Steinbiß, K./ Werber, T. (2018), S. 15.

[13] Vgl. Runia, P. M./ Wahl, F./ Geyer, O./ Thewißen, C. (2019), S. 11.

[14] Vgl. Meffert, H./ Burmann, C./ Kirchgeorg, M./ Eisenbeiß, M. (2024), S. 20.

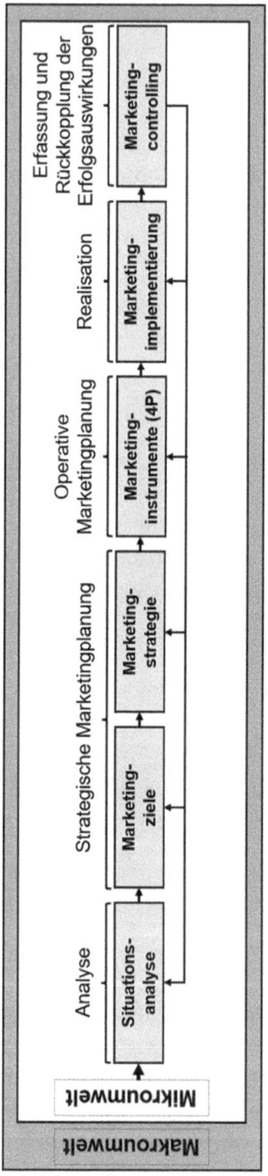

Abbildung 2.1 Phasen des Marketingprozesses. (Quelle: Eigene Abbildung in Anlehnung an Meffert et al. (2024), S. 20)

Den ersten Schritt bildet die **Situationsanalyse**. Zu den Aufgaben der Marketingabteilung zählen hierbei die Sammlung, Aufbereitung und Analyse von Informationen über die Makro- und Mikroumwelt sowie das Unternehmen selbst, die einen Einfluss auf die Austauschbeziehungen am Markt haben. Die Makroumwelt von Unternehmen umfasst die technologische, ökonomische, ökologische, soziokulturelle und politisch-rechtliche Umwelt. Die Mikroumwelt beinhaltet die Öffentlichkeit (bspw. Staat, Medien), Absatz- (bspw. Kunden, Absatzmittler), Beschaffungsmärkte (bspw. Personal, Kapitalgeber, Lieferanten) sowie den Wettbewerb des Unternehmens.[15] Die gewonnenen Informationen aus der Umwelt- und Unternehmensanalyse werden gegenübergestellt und Prognosen über zukünftige Entwicklungen erstellt.[16]

Im Anschluss an die Situationsanalyse werden die **Marketingziele** im Rahmen der strategischen Marketingplanung definiert, die durch die späteren Maßnahmen angestrebt werden und zur Erreichung der Unternehmensziele beitragen sollen. Es wird formuliert, was das Unternehmen langfristig durch die Marketingaktivitäten erreichen möchte. Die Ziele bilden die Grundlage zur Steuerung, Motivation und Kontrolle. Marketingziele können wirtschaftliche Aspekte wie die Steigerung der Rentabilität, des Umsatzes oder des Gewinns sowie psychografische Ziele wie die Erhöhung der Markenbekanntheit oder die Verbesserung des Images umfassen.[17]

Als Nächstes werden die **Marketingstrategien** im Rahmen der strategischen Marketingplanung durch die Marketingabteilung definiert. Die Marketingstrategien legen fest, wie – mit welchen Aktivitäten und Vorgehensweisen – das Unternehmen die Marketingziele erreichen soll und beziehen sich auf (einzelne) Produkte, Geschäftseinheiten, Märkte oder das gesamte Unternehmen. Grundlage für die Entwicklung der Marketingstrategie sind die Ergebnisse der Situationsanalyse. Es werden Stoßrichtungen formuliert, die klare Anweisungen für die Verteilung der Ressourcen (z. B. Budgets, Zeitrahmen) geben und eine effektive Steuerung der Marketinginstrumente ermöglichen, um die zuvor definierten Marketingziele zu erreichen. Dies bildet einen Handlungsrahmen für die operative Marketingplanung.[18]

Die **Marketinginstrumente** der operativen Marketingplanung bestehen aus dem Marketing-Mix. Diese Instrumente befinden sich im Mittelpunkt der Marketingaktivitäten und werden aus der strategischen Marketingplanung abgeleitet. Insgesamt umfasst der Marketing-Mix vier Instrumente: Product (Produkt), Price (Preis), Place (Distribution) und Promotion (Kommunikation). Diese werden als

[15] Vgl. Scharf, A./ Schubert, B./ Hehn, P. (2022), S. 65–66.

[16] Vgl. Scharf, A./ Schubert, B./ Hehn, P. (2022), S. 71.

[17] Vgl. Meffert, H./ Burmann, C./ Kirchgeorg, M./ Eisenbeiß, M. (2024), S. 21–22.

[18] Vgl. Bruhn, M. (2022), S. 38 und Bünte, C. (2023b), S. 17.

4Ps des Marketings bezeichnet.[19] Unter dem Marketing-Mix versteht man die zielgerichtete Auswahl und Kombination dieser Instrumente, um die Bedürfnisse des/der Zielmarktes/-gruppe zu erfüllen und eine effektive Marketingstrategie zu gestalten.[20]

Die *Produkt- und Programmpolitik*[21] beinhaltet sämtliche Entscheidungen, die die Art und Weise beeinflussen, wie ein Unternehmen sein Angebot gestaltet. Dies betrifft sowohl materielle Güter als auch immaterielle Leistungen (z. B. Dienstleistungen). Im Fokus steht der Nutzen, den das Angebot für den Kunden bietet. Ein Schlüsselelement dabei ist das Alleinstellungsmerkmal, auch Unique Selling Proposition (USP) genannt, welches das Angebot von Konkurrenzprodukten abhebt.[22] Die Aufgabe der Marketingabteilung ist es festzulegen, welche Produkte oder Dienstleistungen generell vermarktet werden sollen.[23] Dies umfasst Entscheidungen darüber, …

- … welche Merkmale das Angebot aufweist.
- … wie das Leistungsprogramm/Sortiment gestaltet wird.
- … wie Produkte, basierend auf sich ändernder Marktbedingungen angepasst werden (z. B. Produktbeibehaltung, Produktmodifikation, Produktinnovation, Diversifikation, Produkteliminierung).[24]

Die *Preis- und Konditionenpolitik* bezieht sich auf Entscheidungen zur Festlegung von Preisen für das Angebot. Neben den Kosten für das Angebot müssen Informationen erhoben werden, welchen Betrag der Kunde bereit ist für das Angebot zu bezahlen. Außerdem muss ein Verständnis für die Nachfrage nach dem Angebot am Markt entwickelt werden. Da der Preis ein Indiz für die Positionierung im Wettbewerbsumfeld ist, sollte die Preisfestsetzung unter Berücksichtigung der Wettbewerbssituation erfolgen.[25] Aufgabe der Marketingabteilung ist es, auf Basis von Informationen den optimalen Preis für das Angebot festzulegen. Dies kann zudem Preisaktionen (bspw. Rabatte), die Preisdifferenzierung oder den Preis im Zeitverlauf umfassen.[26]

---

[19] Vgl. Kotler, P./ Armstrong, G./ Wong, V./ Saunders, J. (2011), S. 68.
[20] Vgl. Frank, K. (2023), S. 1.
[21] Vgl. Meffert, H./ Burmann, C./ Kirchgeorg, M./ Eisenbeiß, M. (2024), S. 378.
[22] Vgl. Gansen, F./ Pichotta, M. (2023), S. 38.
[23] Vgl. Hutzschenreuter, T. (2022), S. 173.
[24] Vgl. Hutzschenreuter, T. (2022), S. 174–177.
[25] Vgl. Gansen, F./ Pichotta, M. (2023), S. 38 und Helmold, M. (2022), S. 97.
[26] Vgl. Kreutzer, R. T. (2022), S. 304–305.

Die *Vertriebs- und Distributionspolitik*[27] umfasst alle Entscheidungen, die mit der Verteilung des Angebots vom Hersteller zum Endkunden verbunden sind. Hierzu zählen alle Prozesse vom Produktionsort bis zum Konsum oder zur Verwendung.[28] Im Folgenden sind Entscheidungen aufgeführt, die zu den Aufgaben der Marketingabteilung zählen:

- Auswahl der Vertriebskanäle
- Bestimmung der Aufgabenverteilung für Vertriebspartner
- Entwicklung/Auswahl von Logistikkonzepten zur Optimierung des Logistikprozesses[29]

Die *Kommunikationspolitik* beinhaltet alle Maßnahmen, welche dazu dienen, die Zielgruppe anzusprechen und über das unternehmerische Angebot mittels Produktpräsentation sowie dessen Vorteile zu informieren. Die Maßnahmen werden strukturiert geplant, ausgestaltet, aufeinander abgestimmt und kontrolliert.[30] Die Aufgaben in der Kommunikationspolitik umfassen Entscheidungen bezüglich …

- der Verteilung des Kommunikationsbudgets,
- der kommunizierten Botschaft,
- der Auswahl der Kommunikationskanäle/-mittel (bspw. (Fernseh-)Spots, Social-Media-Beiträge, Newsletter, Anzeigen),
- dem geografischen Ausspielungsbereich und
- der Festlegung der Frequenz sowie des Timings der Kommunikation.[31]

Zu den Kommunikationskanälen zählen die klassischen Kommunikationsinstrumente (Print-, Radio-, Fernsehwerbung) und digitale Kommunikationsinstrumente, wie bspw. digitale Anzeigen, die Webseite, Social Media oder Suchmaschinenmarketing.[32] Die für die Kommunikation notwendigen Inhalte können in verschiedenen Medienformaten, wie Text, Audio, Bild und Video erstellt werden. Außerdem zeichnet sich die Kommunikation durch eine mögliche Interaktivität (wechselseitige Kommunikation) mit dem Kunden aus.[33]

---

[27] Vgl. Gansen, F./ Pichotta, M. (2023), S. 38.

[28] Vgl. Meffert, H./ Burmann, C./ Kirchgeorg, M./ Eisenbeiß, M. (2024), S. 551.

[29] Vgl. Kreutzer, R. T. (2022), S. 350.

[30] Vgl. Frank, K. (2023), S. 34.

[31] Vgl. Kreutzer, R. T. (2022), S. 378 und Meffert, H./ Burmann, C./ Kirchgeorg, M./ Eisenbeiß, M. (2024), S. 606.

[32] Vgl. Meffert, H./ Burmann, C./ Kirchgeorg, M./ Eisenbeiß, M. (2024), S. 617.

[33] Vgl. Knauseder, L./ Reichhartinger, D./ Wimmer, H. (2016), S. 32–33.

Von zentraler Bedeutung ist, dass die angestrebten Maßnahmen des Marketing-Mix zielorientiert aufeinander abgestimmt werden und sich an den Bedürfnissen sowie Anforderungen der Zielgruppe orientieren.[34]

Nachdem die operative Planung abgeschlossen ist, erfolgt die **Marketingimplementierung**. Aufgabe der Marketingabteilung ist es, die definierten Strategien und beinhalteten Maßnahmen des Marketing-Mix umzusetzen (Durchführung). Dabei werden sowohl die Ergebnisse der Situationsanalyse als auch die definierten Ziele berücksichtigt.[35] Bevor die Marketingstrategie im Rahmen des definierten Marketing-Mix umgesetzt werden kann, muss sie innerhalb des Unternehmens akzeptiert werden. Da die Einführung einer Strategie einen Veränderungsprozess darstellt, ist es zunächst erforderlich innerhalb des Unternehmens Akzeptanz hinsichtlich der Strategie zu schaffen und mögliche Widerstände gegenüber der Implementierung bei allen Beteiligten abzubauen. Ist dies gelungen, erfolgt die Konkretisierung der Marketingstrategie, Umsetzung und Koordination. Hierbei werden basierend auf der Strategie konkrete Aktivitäten formuliert und funktionsübergreifend im Unternehmen z. B. an die Fertigung oder den Einkauf verteilt sowie umgesetzt.[36] Neben der Zuweisung von Aufgaben wird ebenfalls die Budgetverteilung festgelegt. Durch die Erstellung eines Marketingplans werden die Schritte zur Realisierung der Marketingziele dargestellt, koordiniert und überwacht.[37]

Das **Marketingcontrolling** (Kontrolle) ist die letzte Phase des Marketingmanagementprozesses. In dieser Phase ist die Aufgabe der Marketingabteilung die Ergebnisse der durchgeführten Marketingmaßnahmen hinsichtlich ihrer Zielerreichung mittels Kennzahlen sowie Informationen aus externen und internen Quellen zu bewerten. Gegebenenfalls werden Anpassungen in anderen Prozessphasen vorgenommen, um die Erfüllung der Ziele zu optimieren.[38]

---

[34] Vgl. Frank, K. (2023), S. 34 und Meffert, H./ Burmann, C./ Kirchgeorg, M./ Eisenbeiß, M. (2024), S. 6.

[35] Vgl. Lucco, A./ Rüeger, B./ Ergenzinger, R./ Thommen, J. (2016), S. 172.

[36] Vgl. Meffert, H./ Burmann, C./ Kirchgeorg, M./ Eisenbeiß, M. (2024), S. 780–781, 783, 790–791.

[37] Vgl. Meffert, H./ Burmann, C./ Kirchgeorg, M./ Eisenbeiß, M. (2024), S. 816–817.

[38] Vgl. Meffert, H./ Burmann, C./ Kirchgeorg, M./ Eisenbeiß, M. (2024), S. 23, 824–825.

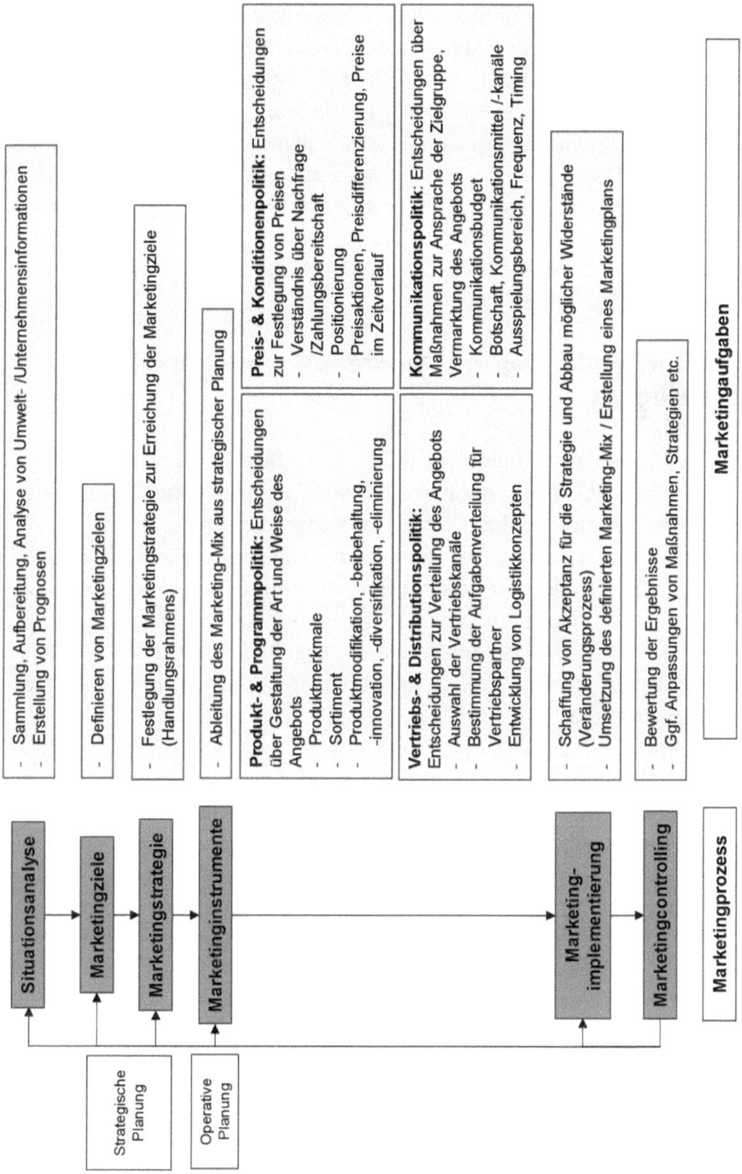

Abbildung 2.2 Aufgaben der Marketingabteilung entlang des Marketingprozesses. (Quelle: Eigene Abbildung)

Die Abbildung 2.2 veranschaulicht die beschriebenen Aufgaben der Marketingabteilung entlang des Marketingprozesses. Die Phasen des Marketingprozesses werden als eine Abfolge von Aktivitäten skizziert. Heutzutage erfolgen diese oft gleichzeitig, da eine Vielzahl von Daten in Echtzeit erfasst wird und die Umsetzung von Maßnahmen unmittelbar erfolgen kann. Obwohl die einzelnen Phasen aufeinander aufbauen, sind sie alle miteinander verflochten. Die Marketingabteilung muss Daten analysieren, um Auswirkungen sowie Veränderungen zu erkennen und geeignete Anpassungen umzusetzen.[39]

2.2 Künstliche Intelligenz

2.2.1 Begriffserklärung und Einordnung von künstlicher Intelligenz

Künstliche Intelligenz ist kein einheitlich definierter Begriff, da er sich seit den späten 1950er Jahren als interdisziplinäre Forschungsrichtung entwickelt und sich kontinuierlich den technologischen Fortschritten angepasst hat.[40]

Zunächst soll für eine bessere Einordnung die menschliche Intelligenz beschrieben werden. Der Begriff „Intelligenz" stammt aus der Psychologie und beschreibt die Fähigkeit Neues zu lernen, Informationen zu verstehen und logisch Sachverhalte zu reflektieren. Sie ermöglicht es, kognitive Fähigkeiten und individuelles Wissen auf kreative Weise zu verknüpfen und diese Erkenntnisse wirkungsvoll einzusetzen.[41]

In dieser Arbeit wird künstliche Intelligenz als ein Bereich der Informatik verstanden. KI ahmt menschliche kognitive Fähigkeiten nach, indem sie erhaltene Informationen erkennt und strukturiert.[42] Es handelt sich bei KI um entwickelte Software und Algorithmen, die Aufgaben übernehmen können, die üblicherweise menschliche Intelligenz erfordern. Dazu gehören beispielsweise die Entscheidungsfindung sowie Problemlösung, Mustererkennung und das Lernen aus Erfahrungen.[43] Für die Funktionsfähigkeit und Weiterentwicklung von KI werden große Datensätze benötigt.[44]

---

[39] Vgl. Bünte, C. (2023b), S. 16.

[40] Vgl. Bundesverband Informationswirtschaft, Telekommunikation und neue Medien e. V./ Deutsches Forschungszentrum für Künstliche Intelligenz GmbH (2017), S. 28.

[41] Vgl. Mockenhaupt, A./ Schlagenhauf, T. (2024), S. 53 und Lang, V. (2022), S. 178.

[42] Vgl. Fraunhofer-Institut für Kognitive Systeme IKS (o. D.).

[43] Vgl. Krauss, P. (2023), S. 119.

[44] Vgl. Gutting, D. (2020), S. 16.

Zum einen findet sich in der Literatur die Unterscheidung zwischen „starker“ und „schwacher“ KI. Die „schwache“ KI löst spezifische Probleme oder Aufgaben in bestimmten Bereichen. Sie kann sich nicht grundlegend weiterentwickeln oder ihre Fähigkeiten auf neue Bereiche ausdehnen. „Starke“ KI soll der menschlichen Intelligenz gleichkommen oder diese sogar übertreffen und an verschiedenen Aufgaben, ähnlich wie der Mensch, arbeiten. Bisher existieren diese nicht und ihre Realisierung ist umstritten.[45]

Eine neuere Differenzierung unterscheidet symbolische und subsymbolische KI sowie das maschinelle Lernen.[46] **Symbolische** KI verwendet Regeln und Symbole, um auf Basis von Daten Entscheidungen zu treffen. Diese Symbole können Wörter, Bilder oder Zeichen sein, die auf bestimmte Informationen hinweisen. Statt sich darauf zu konzentrieren, wie der menschliche Verstand funktioniert, zielt die symbolische KI darauf ab, durch die Regeln und Symbole das intelligente Verhalten zu imitieren. Dieser Ansatz hat zur Entstehung verschiedener Unterdisziplinen geführt, wie bspw. dem Natural Language Processing (NLP), regelbasierten Expertensysteme und Data Mining.[47] Die Begriffe „Natural Language Processing“ und „regelbasierte Expertensysteme“ werden unter Abschnitt 2.2.2 erläutert. Data Mining ist ein Prozess, bei dem automatisiert Wissen aus Datenbanken extrahiert wird. Dies umfasst die Auswahl, Bereinigung und Überprüfung von Daten sowie die Anwendung geeigneter Datenrepräsentationsmethoden. In der Regel handelt es sich um statistische Modelle, die genutzt werden können, um Sachverhalte zu beschreiben oder zu prognostizieren.[48]

Subsymbolische KI unterscheidet sich von symbolischer KI dadurch, dass Wissen und Fähigkeiten nicht durch Logik, Regeln und Symbole dargestellt werden, sondern durch eigenständiges Lernen aus Daten. Diese Art der KI imitiert menschliches Lernen und nutzt dafür künstliche neuronale Netzwerke, maschinelles Lernen und Deep Learning.[49] Eine Erläuterung von neuronalen Netzwerken, maschinellen Lernen und Deep Learning wird unter Abschnitt 2.2.2 vorgenommen.

Künstliche Intelligenz ist begrifflich eng mit Digitalisierung und Big Data[50] sowie klassischen Disziplinen wie der Statistik und Mathematik verbunden.

---

[45] Vgl. Initiative Intelligente Vernetzung (o. D.), S. 7.

[46] Vgl. Mockenhaupt, A./ Schlagenhauf, T. (2024), S. 65 und Gentsch, P. (2019), S. 30.

[47] Vgl. Gentsch, P. (2019), S. 30–33.

[48] Vgl. Gentsch, P. (2019), S. 34.

[49] Vgl. Luber, S. (2024, Januar 31).

[50] Big Data umfasst die gezielte Erfassung und Auswertung von Datenmengen, die aufgrund ihrer Größe oder Komplexität nicht mit konventionellen Technologien verarbeitet werden können, vgl. Lang, V. (2022), S. 21.

Darüber hinaus bestehen thematische Überschneidungen mit verschiedenen Bereichen, unter anderem mit maschinellem Lernen, Daten- und Computerwissenschaften.[51]

Insgesamt verdeutlicht die Betrachtung von KI die Vielfalt und Komplexität dieses interdisziplinären Forschungsfeldes. Die Verbindung der KI mit anderen aktuellen und klassischen Disziplinen zeigt die weitreichende Bedeutung und Relevanz dieses Forschungsfeldes für zahlreiche Bereiche des Lebens und der Wissenschaft. Künstliche Intelligenz kann unter anderem Daten auf Basis von Logik, Regeln sowie Symbolen oder durch eigenständiges Lernen verarbeiten und Lösungen sowie Entscheidungen formulieren. Im folgenden Kapitel sollen ausführlich die Teildisziplinen aufgezeigt sowie ihre Funktionen benannt werden.

2.2.2 Teilbereiche von künstlicher Intelligenz

Basierend auf der in Abschnitt 2.2.1 beschriebenen Nachahmung menschlicher kognitiver Fähigkeiten durch KI lassen sich drei Bereiche identifizieren, aus denen sich eine KI zusammensetzt. Die Bereiche umfassen die Wahrnehmung, das Lernen und das Handeln. Innerhalb dieser Bereiche existieren verschiedene Teildisziplinen, die von entscheidender Bedeutung für die Funktion der künstlichen Intelligenz sind.[52]

Im Bereich der Wahrnehmung spielen verschiedene Technologien eine bedeutende Rolle. Die **Bildverarbeitung** basiert auf der sogenannten Computer Vision und erkennt, verarbeitet sowie analysiert Bilder mithilfe von Algorithmen. Dabei können in der Industrie und Wirtschaft verschiedene Aufgaben erfüllt werden, durch z. B. die Erkennung von Objekten oder Mustern in Bildern sowie Videos, die Verbesserung der Bildqualität oder die Übertragung des visuellen Stils eines Bildes auf ein anderes. Zudem zählt hierzu die Teildisziplin „**Gesichtserkennung**". Mithilfe von Programmen kann diese bspw. Personen in digitalen Bildern auf Basis ihrer Merkmale eindeutig identifizieren und Emotionen erkennen.[53] Ein weiteres Teilgebiet der Wahrnehmung ist die **Spracherkennung,** auch genannt „Sprache-zu-Text". Diese findet Anwendung in digitalen Assistenten wie Chatbots und Sprachassistenten (z. B. Amazons

[51] Vgl. Bernecker, M. (2023, Oktober 23).

[52] Vgl. Bernecker, M. (2023, Oktober 23).

[53] Vgl. Lang, V. (2022), S. 210–211 und Bernecker, M. (2023, Oktober 23).

Alexa oder Microsofts Cortana). Die Spracherkennung ermöglicht es Computern, menschliche gesprochene Sprache in geschriebenen Text umzuwandeln.[54] Durch die **Texterkennung** werden Computer dazu befähigt Buchstaben, Zahlen und andere Schriftzeichen auf einem gescannten Bild zu identifizieren und sie in ein editierbares Textdokument zu konvertieren.[55]

Das Teilgebiet des Lernens wird durch das tiefgehende Lernen, maschinelle Lernen, verstärkende Lernen und Crowdsourcing dargestellt. **Maschinelles Lernen** beschreibt die Fähigkeit von Maschinen, durch Algorithmen selbstständig zu lernen. Die Systeme können aus den bisher verarbeiteten Daten Schlussfolgerungen ziehen und ihr Verhalten entsprechend anpassen. Dieses Verhalten ähnelt dem menschlichen Lernprozess und wird daher als „Lernen" bezeichnet.[56] Maschinelles Lernen ist ein Bestandteil der künstlichen Intelligenz, wobei verschiedene Lernarten voneinander unterschieden werden können. Die am weitesten verbreiteten Arten des Lernens sind das überwachte Lernen (Supervised Learning), das nicht überwachte Lernen (Unsupervised Learning) und das verstärkte Lernen (Reinforcement Learning).[57] Beim überwachten Lernen sind sowohl die Daten als auch die korrekten Antworten bekannt. Außerdem existieren klare Regeln. Das Ziel ist es, die Beziehung zwischen den Eingangs- und Ausgangsdaten offenzulegen. Dieser Ansatz wird für Klassifizierungs- und Regressionsaufgaben verwendet, wobei die Regressionsanalyse kontinuierliche Ergebnisse (z. B. zur Preisbestimmung einer Immobilie basierend auf der Immobiliengröße) vorhersagt und die Klassifizierung diskrete Ergebnisse (z. B. ob ein Haus über oder unter einem bestimmten Preis liegt) liefert.[58] Das unüberwachte Lernen muss eigenständig Muster und Ähnlichkeiten in den Daten erkennen, ohne dass dem Anwender diese bekannt sind. Es sind keine vordefinierten Zielwerte vorhanden. Das System zielt darauf ab, relevante Informationen aus den Daten zu extrahieren, indem es nach natürlichen Strukturen oder Gruppierungen sucht. Hierbei kann bspw. der Warenkorb nach Mustern (Cluster) analysiert werden und eine Aussage darüber getroffen werden, welche Artikel häufig zusammen gekauft werden.[59] **Verstärkendes Lernen** ist ein Lernansatz, bei dem zu Beginn keine optimale Lösung vorliegt. Das System durchläuft einen iterativen Prozess von Trial-and-Error, um eigenständig Lösungswege zu entwickeln. Dabei werden erfolgreiche Lösungsansätze belohnt und erfolglose bestraft, um den Lernprozess

[54] Vgl. www.ibm.com (o. D.a).

[55] Vgl. Börner, Y. (2016, Juli 22).

[56] Vgl. Gutting, D. (2020), S. 17.

[57] Vgl. Gentsch, P. (2019), S. 37–38.

[58] Vgl. Gentsch, P. (2019), S. 37–38.

[59] Vgl. Kreutzer, R. T. (2023), S. 18–19.

zu fördern. Jede Erfahrung wird vom KI-System gespeichert und zur Verbesserung zukünftiger Entscheidungen genutzt. Zum Beispiel setzen erfolgreiche Streaming-Anbieter diesen Ansatz ein, um Musik- oder Filmempfehlungen zu präsentieren. Eine Belohnung wird vergeben, wenn auf die Empfehlung geklickt wird, während das Ignorieren als Bestrafung dient.[60]

Deep Learning (**tiefgehendes Lernen**) ist ein bedeutender Bereich im maschinellen Lernen und basiert häufig auf künstlichen neuronalen Netzwerken. Diese Netzwerke sind so konzipiert, dass sie die Funktionsweise des menschlichen Gehirns imitieren, um Maschinen zu ermöglichen, komplexe Muster und Strukturen zu erkennen. Ein besonderer Vorteil des Deep Learning ist die Fähigkeit zur selbstständigen Weiterentwicklung. Das System lernt kontinuierlich und verbessert sich stetig weiter.[61]

Crowdsourcing, auch als Human Computation bezeichnet, integriert automatisch menschliches Fachwissen, um Probleme zu lösen, die von Computern eigenständig nicht bewältigt werden können. Diese Methode des Lernens zielt darauf ab, Computersysteme zu verbessern und zu erweitern.[62]

Der Bereich des Handelns wird durch die Robotik, Predictive Analytics, Expertensysteme und Natural Language Processing abgebildet. **NLP** befähigt Computer dazu, sowohl gesprochene als auch geschriebene Texte zu verstehen, zu analysieren und eigene Texte zu generieren. Dies umfasst Programmiersprachen und natürliche Sprachen wie Deutsch, Englisch etc.[63] Ebenfalls können Audios sowie Bilder durch KI erstellt werden.[64] Im Gegensatz zur reinen Spracherkennung zielt dieser Bereich darauf ab, den eigentlichen Sinn der natürlichen Sprache durch Algorithmen nachzuvollziehen und in einen Kontext zu setzen. Auf diese Weise ermöglicht die natürliche Sprachverarbeitung eine intuitivere Interaktion zwischen Menschen und intelligenten Systemen, indem sie die Kommunikation auf natürliche Weise ermöglicht. Natürliche Sprachverarbeitung wird vor allem durch Chatbots genutzt.[65] Regelbasierte **Expertensysteme** nutzen das Fachwissen von Experten, das in Form von Regeln kodifiziert wird und ermöglichen es dem System, automatisierte Schlussfolgerungen basierend auf den Eingaben abzuleiten. Diese Art von KI zielt darauf ab, menschliches Fachwissen in einem bestimmten Bereich abzubilden und für Entscheidungsfindungen zu nutzen.[66]

[60] Vgl. Kreutzer, R. T. (2023), S. 19.
[61] Vgl. Gutting, D. (2020), S. 17.
[62] Vgl. Bernecker, M. (2023, Oktober 23).
[63] Vgl. Gentsch, P. (2019), S. 31.
[64] Vgl. Schützeneder, J./ Graßl, M./ Maier, K. (2024), S. 1–2.
[65] Vgl. Mockenhaupt, A./ Schlagenhauf, T. (2024), S. 62 und Kreutzer, R. T. (2023), S. 31.
[66] Vgl. Gentsch, P. (2019), S. 32.

Predictive Analytics bezieht sich auf die Nutzung von Daten, um Vorhersagen über zukünftige Ereignisse oder Trends zu treffen. Es bedient sich dabei oft Methoden des maschinellen Lernens. In einigen Fällen (abhängig von den spezifischen Problemen und Datenkontexten) werden auch ökonometrische Methoden verwendet, um Prognosemodelle zu entwickeln.[67] In der **Robotik** werden Roboter oder Agentensysteme für sensorische Rückmeldungen, zur Steuerung und zur Verarbeitung von Informationen verwendet. Die sensorischen Rückmeldungen spielen insbesondere im Bereich der KI eine bedeutende Rolle und umfassen sowohl Sensorik als auch Aktorik. Unter Sensorik versteht man die Messung von physikalischen oder chemischen Größen, die in elektrische Signale transformiert werden. Hierzu gehören beispielsweise Abstandssensoren, die die Distanz zwischen dem Sensor und einem Objekt ermitteln können. Die Aktorik bezieht sich auf die beweglichen Komponenten eines Roboters, die in der Lage sind Orientierung, Form und Position anzupassen.[68]

Basierend auf den Fähigkeiten der KI können verschiedene Aufgabenarten einzeln oder kombiniert durchgeführt werden. Zu diesen zählen die Beschreibung des aktuellen Zustands, die Analyse von Ursachen, die Vorhersage zukünftiger Entwicklungen, die Empfehlung von Handlungen und die Generierung von Neuem.[69]

Die Teilbereiche von KI bieten vielfältige Technologien und Anwendungsmöglichkeiten, die menschliche Intelligenz nachahmen und erweitern. Von der Bildverarbeitung bis hin zu maschinellem Lernen ermöglichen sie eine effizientere Interaktion zwischen Mensch und Technologie und können in vielen Bereichen des Alltags oder der Industrie eingesetzt werden.

2.3 Künstliche Intelligenz im Marketing

2.3.1 Anwendungsmöglichkeiten von künstlicher Intelligenz in der Marketingabteilung

Aufbauend auf den Grundlagen der vorangegangenen Kapitel soll nun ermittelt werden, bei welchen Aufgaben in der Marketingabteilung (Abschnitt 2.1.2) künstliche Intelligenz unterstützen kann.

[67] Vgl. Brühl, V. (2019), S. 5.

[68] Vgl. Bernecker, M. (2023, Oktober 23).

[69] Vgl. Kreutzer, R. T. (2023), S. 9.

In der Phase der **Situationsanalyse** kann KI automatisiert die Datensammlung, -aufbereitung und -analyse von Umwelt- sowie Unternehmensinformationen übernehmen.[70] Technologien wie maschinelles Lernen, NLP und Computer Vision ermöglichen die Echtzeitdatenerfassung durch die Verarbeitung von Texten, Audio, Bildern und Videos aus verschiedenen Quellen und Plattformen (z. B. soziale Medien, Webseite). Ebenfalls können bspw. Klicks, Interaktionen und demographische Daten von Nutzern erfasst werden. Das Data-Mining kann zur Erkennung von Mustern und für die Erstellung von Prognosen genutzt werden.[71] KI kann durch die Technologien Kundenbedürfnisse ermitteln und beispielsweise auf Basis des bisherigen Kaufverhaltens Prognosen über das zukünftige Kundenverhalten erstellen (Consumer Insights).[72] Des Weiteren können eine Stimmungsanalyse in den sozialen Medien vorgenommen, die Produktbewertungen überwacht und ebenfalls mittels Gesichtserkennung Kundeninformationen (bspw. Alter, Geschlecht) gewonnen werden.[73] Durch vorliegende Kundendaten lassen sich die Customer Journey abbilden und relevante Touchpoints identifizieren.[74] Zudem lässt sich der Customer Lifetime Value ermitteln, der später dabei hilft, Maßnahmen gezielt auf Kunden mit hoher Kaufbereitschaft auszurichten.[75] Außerdem ermöglicht KI in der Marketingabteilung die Durchführung von Wettbewerbsanalysen, automatisierte Prognosen von bspw. Markttrends sowie die dynamische Anpassung von Kundenprofilen und die Segmentierung von Kunden.[76] Auf Basis der gewonnenen Informationen lassen sich Produkt- und Sortimentsanalysen durchführen sowie Umsatzprognosen erstellen.[77]

Die Festlegung der **Marketingziele und -strategie**, dem Handlungsrahmen zur Erreichung der Ziele, basiert auf den Ergebnissen und Prognosen der Situationsanalyse sowie den übergeordneten Unternehmenszielen. Die Verantwortung für die Definition von Zielen und Strategien bleibt Aufgabe der Mitarbeiter

---

[70] Vgl. Kaperonis, S. (2024), S. 121, 124 und Wagener, A. (2019), S. 79.

[71] Vgl. Mirwan, S./ Ginny, P./ Darwin, D./ Ghazali, R./ Lenas, M. (2023), S. 228 und Terstiege, M./ Cinar, M. (2021), S. 266.

[72] Vgl. Gutting, D. (2020), S. 19 und Buchkremer, R., S. 14.

[73] Vgl. Pieper, J. (2023), S. 223 und Wagener, A. (2019), S. 86–87.

[74] Vgl. Wagener, A. (2019), S. 142–143.

[75] Vgl. Wagener, A. (2019), S. 83–84.

[76] Vgl. Dumitrescu, R./ Özcan, L./Ködding, P./ Foullois, M./ Bernijazov, R. (2021), S. 10 und Terstiege, M./ Cinar, M. (2021), S. 267.

[77] Vgl. Wagener, A. (2019), S. 88 und Gentsch, P. (2019), S. 49–50.

der Marketingabteilung. KI kann diese Aufgabe nicht eigenständig übernehmen, wie bspw. auch Bünte, C. beschreibt.[78] Jedoch kann KI auf Basis der Situationsanalyse Handlungsempfehlungen formulieren.[79]

Aus der strategischen Planung sowie der Situationsanalyse werden Marketing-Mix-Maßnahmen (**Marketinginstrumente**) abgeleitet. Auf Basis der ermittelten Consumer Insights sowie der Produkt- und Sortimentsanalyse kann KI Vorschläge zu Produktmerkmalen, der Produktentwicklung und dem Produktportfolio-Management liefern. Ebenfalls können Vorschläge für das Produktdesign durch KI über die Bilderstellung vorgenommen werden (*Produkt- und Programmpolitik*).[80]

Die Entscheidungen im Rahmen der *Preis- und Konditionenpolitik* basieren auf den Consumer Insights sowie der Umweltanalyse. KI kann auf Basis dieser Daten zur Positionierung des Angebots sowie zur Bestimmung des optimalen Preises genutzt werden.[81] Dabei lernt die KI aus den Daten und erstellt Szenarien, wie Konsumenten auf veränderte Preise reagieren.[82] Zudem können bspw. Vorschläge zu Rabattaktionen und Gutscheinen auf Basis des Kundenverhaltens gegeben werden.[83]

KI kann Entscheidungen in der *Vertriebs- und Distributionspolitik* unterstützen, indem die Technologie das Kundenverhalten und Präferenzen analysiert (Situationsanalyse). Auf dieser Grundlage kann KI Vorschläge zur Gestaltung und Optimierung der Lieferkette (z. B. Bestände, Lieferzeiten, Transport) unter Berücksichtigung der spezifischen Bedürfnisse und Vorlieben der Zielgruppen erstellen.[84] Auf Basis der Kundendaten können zudem Empfehlungen für passende Vertriebskanäle entwickelt werden.

In der Planung der *Kommunikationspolitik* muss über die Verteilung des Kommunikationsbudgets entschieden werden. KI kann basierend auf den Ergebnissen der Situationsanalyse dabei unterstützen für die Zielgruppe relevante Kommunikationsmittel und -kanäle zu identifizieren und das Kommunikationsbudget entsprechend aufteilen.[85] Zudem können auf Basis der Kunden-/Nutzerdaten der

---

[78] Vgl. Bünte, C. (2023b), S. 16.

[79] Vgl. Pieper, J. (2023), S. 229.

[80] Vgl. Bünte, C. (2023b), S. 16 und HORIZONT Content Studio (2024, Januar 29).

[81] Vgl. Statworx (o. D.).

[82] Vgl. Gentsch, P. (2019), 48.

[83] Vgl. Gutting, D. (2020), S. 21.

[84] Vgl. Schrader, S. (2023, August).

[85] Vgl. Gutting, D. (2020), S. 20–21, 24.

optimale Ausspielungsbereich, die Frequenz und das Timing der Werbung ermittelt werden. Diese Aktivitäten zählen zum Programmatic Advertising, welches sich mit der Medienplanung und dem Medieneinkauf befasst.[86] Auf das Programmatic Advertising wird bei der Umsetzung der Maßnahmen erneut eingegangen. Mithilfe von KI können Werbebotschaften durch Textgenerierung erstellt und dabei auf die Zielgruppe zugeschnitten werden.[87]

In der folgenden Phase des Marketingprozesses, der **Marketingimplementierung**, geht es darum, die Marketingstrategie im Unternehmen umzusetzen und die geplanten Strategien und Maßnahmen durchzuführen. Der Veränderungsprozess kann durch KI unterstützt werden, indem sie Daten analysieren kann, die Aufschluss über Widerstände und die Akzeptanz der Mitarbeiter geben, z. B. die Einhaltung von Fristen, Feedback oder Fehlzeiten. Zusätzlich kann die Technologie Strategien zur Umsetzung des Veränderungsprozesses entwickeln. Die Kommunikation kann intern und extern von der KI verbessert werden. Außerdem können Prognosen über Reaktionen sowie den Ablauf des Prozesses erstellt und der Entscheidungsprozess unterstützt werden.[88]

Die Produkt- und Programmpolitik ist geprägt durch die Umsetzung der zuvor definierten Anpassungen des Angebots und die Einführung des Angebots. Bei der Einführung des Angebots kann KI bspw. Beschreibungen für Produkte generieren oder Produktbilder erstellen sowie bearbeiten. Dies kann sogar automatisiert erfolgen.[89]

Die Preisgestaltung sowie Preisanpassungen und -aktionen (Preis- und Konditionenpolitik) können von KI übernommen werden. Durch die Anwendung von KI-Algorithmen und Datenanalysen ist dynamisches Pricing möglich. Auf diese Weise können Produktpreise in Echtzeit individuell an verschiedene Kunden, vor allem in digitalen Medien, angepasst werden, basierend auf aktuellen Faktoren wie bspw. der Nachfrage, Verfügbarkeit und Zahlungsbereitschaft.[90]

KI kann bei der Umsetzung der distributionspolitischen Maßnahmen (Vertriebs- und Distributionspolitik) unterstützen, indem sie die Verfügbarkeit der Warenbestände und -verteilung überwacht sowie die Planung vornimmt, um sicherzustellen, dass das Angebot für die Kunden verfügbar ist.[91]

---

[86] Vgl. Wagener, A. (2019), S. 103–104.

[87] Vgl. Gutting, D. (2020), S. 24.

[88] Vgl. Moulto, T. (2024, Januar 17).

[89] Vgl. Detschades, A. (2023, August 11) und Newberry, C. (2023, April 13).

[90] Vgl. Gutting, D. (2020), S. 38.

[91] Vgl. Fraunhofer-Institut für Intelligente Analyse- und Informationssysteme IAIS (o. D.).

Insbesondere bei der Implementierung kommunikationspolitischer Maßnahmen (Kommunikationspolitik) kann KI auf vielfältige Weise unterstützen. Die Vermarktung des Angebots findet über Kommunikationskanäle durch unterschiedliche Kommunikationsmittel statt. Mithilfe von KI können automatisiert und individualisiert Werbeflächen in Echtzeit verkauft, gekauft und angezeigt werden (Programmatic Advertising, dt. programmatische Werbung). Die Auswahl basiert auf unterschiedlichen Kriterien einzelner Nutzer.[92] Des Weiteren können die Inhalte der Werbemittel (bspw. E-Mails, Social-Media-Beiträge) durch KI, auch automatisch und personalisiert auf Basis von Nutzerdaten, mithilfe der Text-, Bild-, Video- und Audiogenerierung gestaltet sowie ausgespielt werden (Content Generierung). Für die Optimierung von Anzeigen nutzt KI A/ B-Testings, bei denen bspw. der Erfolg zweier Werbebilder verglichen wird.[93] Durch die Analyse des Konsumentenverhaltens, z. B. aufgrund bisher getätigter Käufe oder der Online-Aktivitäten, kann KI Produktempfehlungen bereitstellen.[94] Für die Interaktion mit Verbrauchern können Chatbots oder Sprachassistenten eingesetzt werden, die menschenähnliche Kommunikation ermöglichen, indem KI die gesprochene oder geschriebene Sprache versteht und entsprechend darauf reagiert.[95] Diese können ebenfalls für die Kundenbetreuung eingesetzt werden und menschlich oder menschenähnlich illustriert werden (Chatbot-Avatar). Zudem kann KI automatisch auf E-Mails oder Kommentare reagieren, indem ein Text erzeugt wird.[96] In den sozialen Medien können Social Bots eingesetzt werden, die Beiträge liken, teilen oder eigene Inhalte erstellen und mit Nutzern interagieren.[97] Die Nutzung von virtuellen Influencern, die von KI generiert werden, ist ebenfalls möglich.[98] KI kann den Kundenwert ermitteln und Priorisierungen vornehmen, indem sie Kunden mit einem höheren Wert bevorzugt anspricht und Marketingressourcen gezielt auf diese lenkt, um das Umsatzpotenzial zu maximieren.[99] Durch KI-gesteuerte Augmented Reality- und Virtual Reality-Erlebnisse lassen sich simulierte Umgebungen/ Objekte individuell an den Nutzer anpassen. Außerdem erleichtert der Einsatz von KI die Integration von

[92] Vgl. Pieper, J. (2023), S. 222.

[93] Vgl. Wagener, A. (2019), S. 95, 100 und Kaperonis, S. (2024), S. 122.

[94] Vgl. Bocks, B. (2024, April 8).

[95] Vgl. Gutting, D. (2020), S. 22.

[96] Vgl. Pieper, J. (2023), S. 223 und Kreutzer, R. T. (2023), S.260.

[97] Vgl. Kreutzer, R. T. (2023), S. 256.

[98] Vgl. Papendieck, P. (2024, Januar 29).

[99] Vgl. Stern, P./ Büllesfeld, E./ Bierkandt, J. (2021), S. 27.

mehreren Marketingkanälen durch das Auswerten der Daten und die Koordination der Inhalte für ein konsistentes Kundenerlebnis.[100] Inhalte auf der Webseite können durch KI ebenfalls angepasst werden.[101]

Mithilfe von KI kann zudem der Marketingplan erstellt werden, welcher die Zusammenarbeit im Unternehmen und die Ressourcenverteilung optimiert. Dazu werden die Informationen der Situationsanalyse sowie die definierten Marketingstrategien und -ziele von der Technologie genutzt.[102]

Beim **Marketingcontrolling** werden die Ergebnisse der Maßnahmen in Bezug auf die Zielerreichung bewertet und gegebenenfalls Anpassungen vorgenommen. Beim sogenannten Performance Management kann KI unterstützen und die Ergebnisse mit den Zielen abgleichen sowie Vorschläge zur Maßnahmenanpassung in den einzelnen Phasen bereitstellen oder diese automatisiert umsetzen. Zur Bewertung der Ergebnisse werden Kennzahlen, wie bspw. Verkaufszahlen oder andere Werbekennzahlen, betrachtet.[103] Neben der Erfolgskontrolle ist die Überwachung der Budgeteinhaltung durch die Technologie möglich.[104]

Es wird deutlich, dass KI in Echtzeit Daten sammeln, analysieren, bewerten und Prognosen erstellen kann, die in den Phasen des Marketingprozesses genutzt werden können. Basierend auf diesen Informationen kann die Technologie den Marketingmitarbeitern Empfehlungen geben, Neues generieren (z. B. Texte oder Bilder) und sogar Anpassungen eigenständig umsetzen. Somit ermöglicht KI eine simultane Ausführung der einzelnen Phasen des Marketingprozesses. Dies ist von Vorteil, da die Phasen des Marketingprozesses, wie bereits in Abschnitt 2.1.2 beschrieben, heute ebenfalls simultan ablaufen. Tabelle 2.1 illustriert die Möglichkeiten der KI-Unterstützung für die Aufgabenbereiche im Marketingprozess, basierend auf den in Abschnitt 2.3.1 beschriebenen Aufgabenarten von KI.

[100] Vgl. Sivaraman, S. (2023), S. 71.

[101] Vgl. Bünte, C. (2023b), S. 17.

[102] Vgl. Arnold, V. (2024, Januar 24).

[103] Vgl. Bünte, C. (2023b), S. 220.

[104] Vgl. Wagener, A. (2019), S. 68.

Tabelle 2.1 Möglichkeiten der KI-Unterstützung für die Aufgabenbereiche im Marketingprozess. (Quelle: Eigene Abbildung)

		Aufgabenarten von KI				
Phase	Aufgaben	Beschreibung des aktuellen Zustands	Analyse von Ursachen	Vorhersage zukünftiger Entwicklungen	Empfehlung von Handlungen	Generierung von Neuem
Situationsanalyse	Sammlung, Aufbereitung, Analyse von Daten	X	X			
	Prognosen erstellen			X		
Marketingziele	Ziele definieren				X	
Marketingstrategie	Strategie festlegen				X	
Marketinginstrumente	Produkt- & Programmpolitik				X	X
	Preis- & Konditionenpolitik				X	X
	Vertriebs- & Distributionspolitik				X	X
	Kommunikationspolitik				X	X
Marketingimplementierung	Veränderungsprozess	X	X	X	X	X
	Definierten Marketing-Mix umsetzen				X	X
Marketingcontrolling	Ergebnisse bewerten	X	X	X		
	Anpassung von Aktivitäten				X	X

2.3.2 Potenziale und Herausforderungen beim Einsatz von künstlicher Intelligenz in der Marketingabteilung

KI verändert die Art und Weise, wie das Marketing die Aufgaben im gesamten Marketingprozess bewältigen kann. Im Folgenden soll aufgezeigt werden, welche Potenziale sich beim Einsatz von KI für das Marketing erschließen können und welche Herausforderungen mit dem Einsatz einhergehen. Zunächst werden die **Potenziale** betrachtet.

Produktivitätssteigerung: Die Anwendung von KI bietet die Möglichkeit, die Fähigkeiten der Mitarbeiter zu erweitern oder teilweise zu substituieren, was zu einer Steigerung der allgemeinen Produktivität führt.[105] Dies ist bspw. erreichbar durch die Automatisierung repetitiver Aufgaben, die Bereitstellung schneller Datenanalysen, die Unterstützung bei Entscheidungsfindungen sowie die Ergänzung menschlicher Expertise bei komplexen Problemlösungen und präzisen Vorhersagen.[106]

Qualitätssteigerung: Die Technologie verbessert die Qualität der Marketingaktivitäten durch ihre Analysefähigkeit, die tiefere Einblicke in das Kundenverhalten bietet. Dies ermöglicht besser auf die Kunden abgestimmte Aktivitäten. Zudem tragen die gewonnenen Erkenntnisse zur Entwicklung neuer Geschäftsmodelle und zur Realisierung von Wettbewerbsvorteilen bei.[107]

Effektivitätssteigerung: KI im Marketing zeigt durch umfangreiche Analysen die Kundenbedürfnisse sowie die Customer Journey auf. Dadurch wird eine präzise Anpassung des Angebots und der Marketingaktivitäten an die individuellen Kundenbedürfnisse ermöglicht. Dies steigert die Effektivität der Maßnahmen.[108]

Effizienzsteigerung: Die Personalisierung und Automatisierung von Marketingaktivitäten sowie Anpassungen in Echtzeit durch KI steigern die Effizienz. Dies ist bspw. bedingt durch eine automatische Anpassung von Preisen oder durch die Optimierung von Kontaktpunkten.[109] Allgemein ermöglicht der Einsatz von KI die Optimierung von Werbebudgets, Prozessen und Aktivitäten durch

[105] Vgl. Lang, V. (2022), S. 25–26.

[106] Vgl. Sivaraman, S. (2023), S. 70.

[107] Vgl. Harlacher, M./ Shahinfar, F./ Peifer, Y./ Eisele, O./ Jeske, T. (2023), S. 3, 11.

[108] Vgl. Gutting, D. (2020), S. 24 und Buchkremer, R., S. 16.

[109] Vgl. Handschuh, M./ Detscher, S. (2021), S. 298.

Datenanalysen.[110] Arbeitsabläufe können neu konzipiert und effizienter gestaltet werden.[111]

Verbesserung der Kundenerfahrung: Der Einsatz von KI trägt zur Verbesserung der Kundenerfahrung und -zufriedenheit bei. Ein Beispiel hierfür ist die Optimierung des Selfservice-Angebots durch Chatbots mittels Datenanalysen, wodurch die Interaktion mit dem Chatbot durch Kundenanfragen verbessert wird. Personalisierte Inhalte und Interaktionen können entlang der gesamten Customer Journey genutzt werden. Zudem ermöglicht KI die Erfassung von Daten in verschiedenen Kanälen, wodurch ein nahtloses Kundenerlebnis realisiert werden kann.[112]

Verbesserung der Kundenbindung: Individuelle Interaktionen auf Basis von Datenanalysen und Vorhersagen tragen zur Kundenbindung bei und können entlang der gesamten Customer Journey eingesetzt werden.[113] Die Möglichkeit, dem Kunden durch KI relevante Inhalte und Angebote (bspw. Produktempfehlungen) zum optimalen Zeitpunkt auszuspielen, fördert ebenfalls die Kundenbindung. Zudem können durch die Aktivitäten Bestandskunden reaktiviert oder Kundenabwanderung vermieden werden.[114]

Umsatzsteigerung: Durch das tiefere Verständnis der Kundenbedürfnisse und -verhaltensweisen können Produkte, Preise und Werbekampagnen für jeden einzelnen Nutzer individuell zugeschnitten werden. Diese personalisierten Angebote tragen dazu bei, den wirtschaftlichen Erfolg der Marketingaktivitäten zu steigern.[115] KI kann im Verlauf der gesamten Customer Journey unterstützen, indem sie Daten aus verschiedenen Kanälen analysiert, Kundenbedürfnisse vorhersagt und personalisierte Angebote sowie Produktempfehlungen bietet, um das Kauferlebnis zu verbessern und das Absatzpotenzial zu steigern.[116]

Kostenreduzierung: Die Unterstützung von KI in den Marketingaktivitäten reduziert die Kosten und den zeitlichen Aufwand der Mitarbeiter. Beispielsweise können KI-Systeme Handlungsempfehlungen generieren, Prozesse optimieren oder Chatbots den Kundenservice automatisieren.[117]

---

[110] Vgl. Bünte, C. (2021a), S. 480–481 und Handschuh, M./ Detscher, S. (2021), S. 294.

[111] Vgl. Choudary, S. P. (2024), S. 13.

[112] Vgl. Benecken, F. (2020), S. 9 und Terstiege, M./ Cinar, M. (2021), S. 272, 275.

[113] Vgl. Benecken, F. (2020), S. 9 und Vogler, A. (2023), S. 94.

[114] Vgl. Wuttke, L. (2021), S. 278 und Terstiege, M./ Cinar, M. (2021), S. 272, 275.

[115] Vgl. Bünte, C. (2023a), S. 26.

[116] Vgl. Terstiege, M./ Cinar, M. (2021), S. 266–267, 274.

[117] Vgl. Mühlenhöver, R. (2022), S. 16–17 und Choudary, S. P. (2024), S. 11.

Innovationsförderung: KI unterstützt Unternehmen bei Innovationen, indem sie Daten analysiert und Produkte auf Basis der Kundenbedürfnisse oder Anforderungen des Marktes personalisiert. Ein Beispiel ist die Verwendung von KI-Tools zur Ideengenerierung und -bewertung, um innovative Lösungen zu entwickeln. Zudem werden Mitarbeiter durch eine Automatisierung der Routineaufgaben entlastet. Diese können sich infolgedessen auf innovative Projekte konzentrieren.[118]

Erschließung von neuen Märkten: Der Einsatz von KI ermöglicht es Unternehmen, neue Märkte zu erschließen. Mithilfe von Deep Learning können die Bestandskunden analysiert und potenzielle Neukunden ermittelt werden, die über ähnliche Merkmale verfügen. Auf diese Weise können Unternehmen gezielt neue Marktsegmente erreichen.[119]

Verbesserung der Reaktionsfähigkeit: Durch die Möglichkeit, Daten mit KI in Echtzeit auszuwerten, können Trends und Veränderungen erkannt werden. Einhergehend lassen sich Anpassungen der Marketingaktivitäten in Echtzeit umsetzen.[120] Dies ermöglicht es Unternehmen, schnell auf Marktgegebenheiten zu reagieren, proaktiv zu handeln und den Markt zu gestalten.[121]

Insgesamt kann der Einsatz von KI im Marketing zu Verbesserungen führen. Laut einem Bericht von McKinsey erzielen Unternehmen, die KI umfassend nutzen, höhere Gewinne und größere Wettbewerbsvorteile. Besonders Unternehmen, die KI früh implementiert haben, setzen die Technologie nicht nur zur Effizienzsteigerung, sondern auch zur Optimierung ihrer Geschäftsprozesse ein. Die umfassende Integration von KI führt bei diesen Unternehmen zu höheren Verbesserungen im Vergleich zu solchen, die KI weniger intensiv einsetzen.[122] Im Weiteren werden die **Herausforderungen** beschrieben, die beim Einsatz von KI berücksichtigt werden müssen.

[118] Vgl. Vogler, A. (2023), S. 93.

[119] Vgl. Gentsch, P. (2019), S. 68–69.

[120] Vgl. Gentsch, P. (2019), S. 70.

[121] Vgl. Vogler, A. (2023), S. 96.

[122] Vgl. McKinsey Global Institute (2017, Juni 15).

Qualifikation der Mitarbeiter: Aufgrund des aufgezeigten Potenzials von KI im Marketing ist es wichtig, dass Marketingmitarbeiter verstehen, welche Funktionalitäten KI bereits aufweist und wie sich diese in Zukunft entwickeln könnten.[123] Die Mitarbeiter müssen lernen die KI einzusetzen, um diese effektiv für die Marketingaufgaben einsetzen zu können.[124] Die Weiterbildung durch die Mitarbeiter selbst oder das Unternehmen ist entscheidend.[125]

Akzeptanz: Mitarbeiter verfügen häufig über ein unklares Verständnis von KI, das durch Berichte negativ geprägt ist, sowie mangelnde Fähigkeiten. Dies kann zu Ängsten und Unsicherheiten führen, insbesondere hinsichtlich eines angenommenen Arbeitsplatzverlusts. Infolgedessen können Mitarbeiter Widerstand gegen die KI-Nutzung zeigen, was Unternehmen bei der Einführung berücksichtigen müssen. Die Einbindung der Mitarbeiter und ein offener sowie transparenter Umgang mit ihnen sind von entscheidender Bedeutung für den Erfolg des Veränderungsprozesses bei der KI-Einführung.[126]

Datenqualität: Die Funktionsfähigkeit und Ergebnisse der KI sind abhängig von der Qualität der Daten, welche ihr zur Verfügung stehen. Ebenfalls die Qualität der Trainingsdaten ist entscheidend für die Leistungsfähigkeit und Zuverlässigkeit der KI. Es ist daher sinnvoll, die Daten zu prüfen und aufzubereiten, um Fehler zu vermeiden. Die Trainingsdaten müssen ausreichend repräsentativ und vollständig sein. Ebenfalls benötigt die KI zur Erfüllung von Aufgaben klare Zielvorgaben.[127]

Fehlerhaftigkeit: KI-generierte Inhalte sind nicht immer fehlerfrei. Beispielsweise werden Menschen in Bildern unproportioniert oder mit mehr als den üblichen Gliedmaßen abgebildet oder die Inhalte für Texte aus fehlerhaften Quellen bezogen.[128] Daher sollten die Ergebnisse der Technologie von Mitarbeitern überprüft und bei Bedarf bearbeitet werden. Dies erfordert zudem qualifizierte Mitarbeiter, um Fehler zu erkennen und zu korrigieren.

---

[123] Vgl. Pieper, J. (2023), S. 222.

[124] Vgl. Harlacher, M./ Shahinfar, F./ Peifer, Y./ Eisele, O./ Jeske, T. (2023), S. 3.

[125] Vgl. TÜV-Verband (2021, Oktober).

[126] Vgl. Sarstedt, M./ Wecke, B. (2022), S. 13–14, 25 und Terstiege, M./ Cinar, M. (2021), S. 266.

[127] Vgl. Krauss, P. (2023), S. 188–189 und Mockenhaupt, A./ Schlagenhauf, T. (2024), S. 141.

[128] Vgl. Aswestopoulos, W. (2024, Februar 17) und Springer, O. (2023, April 26).

Datenschutz: Bei der Nutzung von KI ist es für Unternehmen erforderlich, die Vorgaben der Datenschutz-Grundverordnung (DSGVO), welche dem Schutz der persönlichen Daten natürlicher Personen dient,[129] einzuhalten. Neben diesen Vorgaben müssen Unternehmen sicherstellen, dass sie die Kundenbedürfnisse in Bezug auf Datenschutz und Sicherheit beachten und ihnen Mitbestimmungsrecht bei der Datenerfassung und -nutzung einräumen. Dies ist notwendig, um das Vertrauen zu bewahren.[130]

Gesetze: Ebenso wichtig ist die Einhaltung anderer gesetzlicher Vorgaben wie bspw. des Urheberrechts, welches besagt, dass die Weitergabe von Inhalten nur mit der Bewilligung des Inhabers erlaubt ist. Die von der KI erstellten Inhalte sollten daher überprüft werden, um sicherzustellen, dass sie keine existierenden Werke beinhalten.[131] Zudem ist in der EU bereits ein Gesetz bezüglich der Nutzung von KI in Kraft getreten.[132] Ergänzungen und weitere gesetzliche Vorgaben können folgen, die beobachtet werden müssen.

Ethik: Die Verwendung von KI muss ethischen Prinzipien entsprechen, um unerwünschte Folgen bspw. aufgrund von Diskriminierung und Voreingenommenheit der KI zu vermeiden und das Kundenvertrauen zu erlangen. Zudem sollte sie die Autonomie des Menschen bewahren und mit den Unternehmenswerten übereinstimmen. Das Erstellen von unternehmensinternen KI-Leitlinien kann einen verantwortungsvollen Umgang unterstützen.[133]

Nachvollziehbarkeit: Es ist somit entscheidend, dass die Arbeitsweise von KI-Systemen transparent ist, damit die Ergebnisse nachvollziehbar sind und die Algorithmen kontrolliert werden können. Außerdem sollte die eingesetzte KI im Einklang mit den Werten des Unternehmens stehen. Ein Überschreiten der Privatsphäre von Kunden durch übermäßig personalisierte Werbung könnte das Ansehen des Unternehmens beeinträchtigen und zu negativen Reaktionen führen.[134]

---

[129] Vgl. www.dsgvo-gesetz.de (o. D.).

[130] Vgl. Pieper, J. (2023), S. 230.

[131] Vgl. Bundesministerium der Justiz (2024, März), S. 1.

[132] Vgl. Europäisches Parlament (2024, Juni 19).

[133] Vgl. Vogler, A. (2023), S. 103–104 und Schutzmann, I. (2024, Januar 5).

[134] Vgl. Gutting, D. (2020), S. 25.

Technische Anforderungen: Die Einführung und Anwendung von KI bedürfen technische Voraussetzungen, die geplant werden müssen. Zu den technischen Voraussetzungen zählen die Sicherheit des Systems, Datenqualität, Integrierbarkeit in bestehende Geschäftsprozesse, ausreichendes Internetnetzwerk sowie Speicherplatz und Rechenleistung.[135]

Organisatorische Anforderungen: Ebenfalls gibt es organisatorische Voraussetzungen, die geplant werden müssen. Diese umfassen die Überprüfung der aktuellen Prozesse, die KI unterstützen oder vollständig übernehmen kann, die Qualifizierung der Mitarbeiter, Planung des Veränderungsprozesses inklusive der Festlegung zuständiger Mitarbeiter und Festlegung von KI-Zielen und -Strategien.[136] Um sicherzustellen, dass KI die Arbeit der Mitarbeiter verbessert und keine Probleme hervorruft, ist eine präzise Verknüpfung von menschlichen und maschinellen Tätigkeiten notwendig.[137]

Kosten: Die Einführung oder Entwicklung von KI erfordert, wie zuvor beschrieben, finanzielle, personelle und technische Ressourcen, die zu hohen Kosten führen können. Dies stellt insbesondere für Unternehmen mit begrenzten finanziellen Mitteln eine Herausforderung dar.[138]

Nichteinhalten von KI-Richtlinien: Angesichts der vielfältigen Anwendungsmöglichkeiten von KI sowie der datenschutzrechtlichen und ethischen Bedenken ist es notwendig, unternehmensinterne Richtlinien für die sichere Nutzung von KI zu erstellen. Erachten Mitarbeiter die Richtlinien aufgrund von Nutzungsverboten als ausbremsend, kann es dazu kommen, dass gegen die Richtlinien verstoßen wird. Bei einem Verstoß gegen Gesetze kann dies zu Bußgeldern für das Unternehmen führen.[139]

Die Bewältigung der Herausforderungen trägt zu einer erfolgreichen Implementierung von KI und einem effizienten Einsatz bei. Laut McKinsey & Company zeigt sich, dass Unternehmen, die Herausforderungen wie unzureichende Strategien und fehlende Qualifikationen der Mitarbeiter erfolgreich meistern, eine intensivere und effektivere KI-Nutzung erreichen.[140]

---

[135] Vgl. Vogler, A. (2023), S. 99–100.

[136] Vgl. Vogler, A. (2023), S. 100–101.

[137] Vgl. Pieper, J. (2023), S. 230.

[138] Vgl. Bundesministerium für Wirtschaft und Energie (2021), S. 6.

[139] Vgl. Bachmann, M. (2024, Januar 8) und Hörl, F./ Reinz, A. (2024, Februar 26).

[140] Vgl. McKinsey & Company (2018, November 13).

Tabelle 2.2 Potenziale und Herausforderungen beim Einsatz von KI im Marketing. (Quelle: Eigene Abbildung)

Potenziale:	Herausforderungen:
– Produktivitätssteigerung	– Qualifikation der Mitarbeiter
– Qualitätssteigerung	– Akzeptanz der Mitarbeiter
– Effektivitätssteigerung	– Datenqualität im Unternehmen
– Effizienzsteigerung	– Fehlerhaftigkeit von KI
– Verbesserung der Kundenerfahrung	– Datenschutz
– Verbesserung der Kundenbindung	– Gesetze
– Umsatzsteigerung	– Ethik
– Kostenreduzierung	– Nachvollziehbarkeit der KI
– Innovationsförderung	– Technische Anforderungen
– Erschließung von neuen Märkten	– Organisatorische Anforderungen
– Verbesserung der Reaktionsfähigkeit	– Kosten
	– Nichteinhalten von KI-Richtlinien

Hinzuzufügen ist, dass Wechselwirkungen nicht ausgeschlossen werden können. Beispielsweise tragen personalisierte Angebote zur Verbesserung der Kundenbindung bei, was wiederum zu einer Umsatzsteigerung führen kann. Durch die Innovationsförderung können neue Märkte erschlossen werden, während die verbesserte Reaktionsfähigkeit die Effizienz der Marketingmaßnahmen erhöht. In Bezug auf die Herausforderungen existieren ebenfalls Wechselwirkungen. Zum Beispiel kann der Umgang mit der Fehlerhaftigkeit der KI eine größere Herausforderung darstellen, wenn Mitarbeiter nicht ausreichend qualifiziert sind und keine Kenntnisse über die Fehlerhaftigkeit haben. Die Qualifikation der Mitarbeiter trägt zudem zur effektiven Nutzung der KI bei, was es ermöglicht die Potenziale auszuschöpfen.

Insgesamt lassen sich sowohl Potenziale als auch Herausforderungen erkennen. Die Anwendung von KI ermöglicht es Unternehmen, ihre Produktivität und Effizienz zu steigern, die Qualität ihrer Marketingaktivitäten zu verbessern, die Kundenerfahrung zu optimieren und neue Märkte zu erschließen. Um die Potenziale vollständig auszuschöpfen, müssen Unternehmen jedoch spezifische Herausforderungen bewältigen. Dazu gehört insbesondere die Qualifikation der Mitarbeiter, da die effektive Nutzung von KI-Systemen fundiertes Wissen erfordert. Ebenso sind die Datenqualität, ethische Überlegungen, die technischen sowie organisatorischen Voraussetzungen und die Einhaltung gesetzlicher Vorgaben entscheidend für die Implementierung und den Einsatz von KI im Marketing.

3 Zwischenfazit

Die theoretischen Grundlagen legen die Anwendungsmöglichkeiten, Potenziale und Herausforderungen beim Einsatz von KI in der Marketingabteilung dar und liefern erste Einsichten zur Beantwortung der untergeordneten Forschungsfragen.

Die Analyse zeigt, dass KI im gesamten Marketingprozess unterstützen und teilweise Aufgaben vollständig übernehmen kann. Diese Erkenntnisse zu den vielfältigen Anwendungsmöglichkeiten der Technologie von der Situationsanalyse bis hin zum Marketingcontrolling sollen im Rahmen der zweiten Forschungsfrage praxisbezogen untersucht werden.

Eine Beantwortung der zweiten untergeordneten Forschungsfrage, basierend auf den bisherigen Ergebnissen, ist nicht möglich. Es lässt sich jedoch annehmen, dass die Nutzung von KI in der Marketingabteilung aufgrund der unterschiedlichen aufgezeigten Faktoren und Möglichkeiten des KI-Einsatzes entlang des gesamten Marketingprozesses je nach Unternehmen variiert. Weitere Untersuchungen sind notwendig, um den aktuellen Stand und Unterschiede in der KI-Nutzung in Marketingabteilungen zu ermitteln.

Hinsichtlich der Verbesserungen, die durch den Einsatz von KI in der Marketingabteilung möglich sind, konnten verschiedene potenzielle Vorteile identifiziert werden. Zu den Potenzialen zählen die Steigerung der Produktivität durch Automatisierung und schnelle Datenanalysen sowie die Optimierung von Marketingaktivitäten durch präzise Kundenanalysen. Darüber hinaus erhöht KI die Effizienz, indem sie Prozesse automatisiert und Anpassungen in Echtzeit ermöglicht. Die Technologie verbessert die Kundenerfahrung und -bindung durch maßgeschneiderte Interaktionen und trägt zur Umsatzsteigerung bei. Zusätzlich fördert KI Innovationen und unterstützt die Erschließung neuer Märkte durch gezielte Datenanalyse. Ob und wie diese Verbesserungen in der Praxis realisiert werden, wird durch die empirische Forschung untersucht, um die dritte Forschungsfrage vollständig zu beantworten.

D. Gründel, *Künstliche Intelligenz in der Marketingabteilung*, BestMasters, https://doi.org/10.1007/978-3-658-50037-5_3

Durch die identifizierten Herausforderungen konnten Faktoren ermittelt werden, die die Nutzung von KI in der Marketingabteilung beeinflussen. Diese umfassen die Qualifikation der Mitarbeiter, um einen effektiven Einsatz von KI zu gewährleisten und Akzeptanzprobleme aufgrund von Unsicherheiten oder Ängsten. Zudem ist die Qualität der verwendeten Daten entscheidend für die Funktionsfähigkeit der KI. Außerdem stellen gesetzliche und ethische Vorgaben eine Herausforderung dar, ebenso wie die Nachvollziehbarkeit der KI-Systeme. Technische und organisatorische Anforderungen sowie die Kosten der Implementierung sind weitere bedeutende Faktoren, die berücksichtigt werden müssen. Die Erkenntnisse geben keinen direkten Einblick in die aktuellen Herausforderungen der Marketingabteilungen beim Einsatz von KI. Weitere Untersuchungen sind notwendig, um die vierte Forschungsfrage zu beantworten.

Die theoretischen Grundlagen zeigen aktuelle Möglichkeiten, Potenziale und Herausforderungen beim Einsatz von KI im Marketing auf, bieten jedoch keinen Einblick in die Unternehmenspraxis. Daher ist es erforderlich, den Status quo in den Unternehmen zu untersuchen. Dies erfolgt durch eine Befragung, um die theoretischen Erkenntnisse zu validieren und praxisnahe Handlungsempfehlungen abzuleiten.

Empirische Untersuchung 4

4.1 Forschungsmethode und Stichprobe

Diese Masterthesis verwendet ein quantitatives Forschungsdesign, um die Forschungsfragen praxisnah zu beantworten und Handlungsempfehlungen für den Einsatz von KI in der Marketingabteilung abzuleiten. Die gewählte Methodik konzentriert sich auf die Erfassung numerischer Daten, die statistisch analysiert werden, um die Forschungsfragen und Hypothesen zu prüfen. Für die Datenerhebung wird eine standardisierte Befragung auf Basis eines erstellten Fragebogens gewählt, welche die Vergleichbarkeit der Daten ermöglicht. Die Befragung wird online durchgeführt. Da die Befragung anonym beantwortet und statistisch ausgewertet wird, führt dies zu einer Objektivität der Ergebnisse. Des Weiteren lassen sich die Ergebnisse der Stichprobe auf eine breitere Bevölkerung anwenden und Entwicklungen ableiten. Durch die Dokumentation der Daten sind die Ergebnisse nachvollziehbar und glaubwürdig.[1] Anzumerken ist, dass durch die vordefinierten Fragen und Antwortmöglichkeiten keine abweichenden Erkenntnisse oder Ergebnisse gewonnen werden können, die bspw. Aufschlüsse über die individuellen Vorgehensweisen geben. Es besteht die Tendenz, nur nach Daten zu suchen,

[1] Vgl. Boßow-Thies, S./ Gansser, O. (2022), S. 13.

Ergänzende Information Die elektronische Version dieses Kapitels enthält Zusatzmaterial, auf das über folgenden Link zugegriffen werden kann https://doi.org/10.1007/978-3-658-50037-5_4.

D. Gründel, *Künstliche Intelligenz in der Marketingabteilung*, BestMasters,
https://doi.org/10.1007/978-3-658-50037-5_4

die die Hypothesen bestätigen. Des Weiteren ist zu beachten, dass die Ergebnisse möglicherweise einen hohen Abstraktionsgrad aufweisen und daher eine sorgfältige Interpretation erfordern.[2]

Im Rahmen der empirischen Untersuchung werden die folgenden Forschungsfragen und Hypothesen geprüft:

Forschungsfrage 2: Wo und in welchem Umfang wird künstliche Intelligenz gegenwärtig in der Marketingabteilung eingesetzt?
Es wird untersucht, in welchen Marketingphasen und in welchen Unternehmen – unter Berücksichtigung von Branche, Unternehmensgröße und -alter – künstliche Intelligenz aktuell eingesetzt wird. Hierbei sollen mögliche Unterschiede in der Nutzung aufgezeigt werden. Die Untersuchung soll Aufschluss darüber geben, wie weit verbreitet der Einsatz von KI ist und in welchem Umfang KI genutzt wird. Der Umfang soll mit Hilfe der Nutzungsintensität ermittelt werden. Zudem wird analysiert, welche konkreten Marketingaktivitäten durch KI unterstützt werden und inwieweit Marketingmitarbeiter KI eigenständig anwenden. Die Beantwortung dieser Fragen erfolgt durch eine deskriptive Auswertung der Umfrageergebnisse zur Identifizierung von Mustern in den Daten.

Forschungsfrage 3: Inwieweit führt der Einsatz von künstlicher Intelligenz in der Marketingabteilung zu Verbesserungen?
Durch die Befragung soll ermittelt werden, inwieweit die in Abschnitt 2.3.2 identifizierten Potenziale durch die Nutzung von KI in der Marketingabteilung bereits in der Praxis wahrgenommen werden und welchen Einfluss die Nutzungsintensität auf die verschiedenen Leistungsindikatoren hat. Es wird vermutet, dass eine intensivere Nutzung von KI zu größeren Verbesserungen führt.[3] Daher wird für jedes identifizierte Potenzial eine Hypothese in Abhängigkeit der Nutzungsintensität aufgestellt. Die folgenden Hypothesen werden untersucht:

H3.1 Je höher die Nutzungsintensität von KI in der Marketingabteilung, desto höher ist die Produktivität.

H3.2 Je höher die Nutzungsintensität von KI in der Marketingabteilung, desto höher ist die Qualität.

H3.3 Je höher die Nutzungsintensität von KI in der Marketingabteilung, desto höher ist die Effizienz.

---

[2] Vgl. Xiong, X. (2022), S. 957 und Boßow-Thies, S./ Gansser, O. (2022), S. 13.

[3] Vgl. Abschnitt 2.3.2

H3.4 Je höher die Nutzungsintensität von KI in der Marketingabteilung, desto höher ist die Effektivität.

H3.5 Je höher die Nutzungsintensität von KI in der Marketingabteilung, desto besser ist die Kundenerfahrung.

H3.6 Je höher die Nutzungsintensität von KI in der Marketingabteilung, desto besser ist die Kundenbindung.

H3.7 Je höher die Nutzungsintensität von KI in der Marketingabteilung, desto höher ist die Umsatzsteigerung.

H3.8 Je höher die Nutzungsintensität von KI in der Marketingabteilung, desto höher ist die Kostenreduzierung.

H3.9 Je höher die Nutzungsintensität von KI in der Marketingabteilung, desto größer ist die Innovationsförderung.

H3.10 Je höher die Nutzungsintensität von KI in der Marketingabteilung, desto besser werden neue Märkte erschlossen.

H3.11 Je höher die Nutzungsintensität von KI in der Marketingabteilung, desto besser ist die Reaktionsfähigkeit des Unternehmens.

Zunächst werden die Ergebnisse deskriptiv ausgewertet, um einen Überblick über die Verteilung und Charakteristiken der Daten zu gewinnen. Die Hypothesen werden mithilfe der Korrelationsanalyse nach Pearson untersucht, um den Zusammenhang und dessen Stärke zwischen der Nutzungsintensität von KI und den verschiedenen Leistungsindikatoren zu prüfen. Voraussetzung hierfür ist ein linearer Zusammenhang zwischen den beiden Variablen und eine Normalverteilung der Daten.[4] Der Korrelationswert (r), auch Korrelationskoeffizient genannt, liegt zwischen -1 und 1. Bei einem Wert von -1 besteht ein negativer Zusammenhang, bei 1 ein positiver Zusammenhang und bei 0 kein Zusammenhang. Nach Prüfung der Richtung des Zusammenhangs wird mithilfe des t-Tests die Signifikanz der Ergebnisse geprüft, um festzustellen, ob die beobachteten Zusammenhänge nicht zufällig sind.[5] Für die Hypothesen H3.1 bis H3.11 gilt es, die folgenden allgemeinen Hypothesen einzeln zu prüfen: 1. H_0: $\rho_j = 0$ gegen H_1: $\rho_j \neq 0$ und 2. H_0: $\rho_j \leq 0$ gegen H_1: $\rho_j > 0$ (ρ = Rho).

[4] Vgl. Siebertz, K./ van Bebber, D./ Hochkirchen, T. (2017), S. 381–383, 387.

[5] Vgl. Siebertz, K./ van Bebber, D./ Hochkirchen, T. (2017), S. 382–384.

Forschungsfrage 4: Welche Faktoren beeinflussen die Nutzung von künstlicher Intelligenz in der Marketingabteilung?
Die Untersuchung soll aufzeigen, mit welchen Herausforderungen (Abschnitt 2.3.2) die Unternehmen beim Einsatz von KI im Marketing konfrontiert sind und welche Relevanz diese Faktoren für den Einsatz von KI haben. Es wird vermutet, dass die ermittelten Faktoren einen Einfluss auf die Nutzungsintensität haben.[6] Auf dieser Basis werden Hypothesen entwickelt, die untersuchen, wie die identifizierten Herausforderungen die Nutzungsintensität von KI beeinflussen. Die folgenden Hypothesen werden aufgestellt:

H4.1 Je höher die Qualifikation der Mitarbeiter im Umgang mit KI ist, desto höher ist die Nutzungsintensität von KI im Marketing.

H4.2 Je höher die Akzeptanz der Mitarbeiter gegenüber KI ist, desto höher ist die Nutzungsintensität von KI im Marketing.

H4.3 Je höher die Datenqualität im Unternehmen ist, desto höher ist die Nutzungsintensität von KI im Marketing.

H4.4 Je höher das Bewusstsein über die Fehlerhaftigkeit von KI, desto höher ist die Nutzungsintensität von KI im Marketing.

H4.5 Je höher das Verständnis über Datenschutz, desto höher ist die Nutzungsintensität von KI im Marketing.

H4.6 Je höher das Verständnis über Ethik, desto höher ist die Nutzungsintensität von KI im Marketing.

H4.7 Je höher das Verständnis über Gesetze, desto höher ist die Nutzungsintensität von KI im Marketing.

H4.8 Je höher die Nachvollziehbarkeit der KI ist, desto höher ist die Nutzungsintensität von KI im Marketing.

H4.9 Je besser technische Voraussetzungen für den Einsatz von KI erfüllt werden, desto höher ist die Nutzungsintensität von KI im Marketing.

H4.10 Je besser organisatorische Voraussetzungen für den Einsatz von KI erfüllt werden, desto höher ist die Nutzungsintensität von KI im Marketing.

H4.11 Je größer das Investitionsbudget ist, desto höher ist die Nutzungsintensität von KI im Marketing.

H4.12 Je höher die Einhaltung von KI-Richtlinien ist, desto höher ist die Nutzungsintensität von KI im Marketing.

---

[6] Vgl. Abschnitt 2.3.2

Zunächst werden die Ergebnisse deskriptiv ausgewertet. Um die Hypothesen zu prüfen, wird eine multiple Regressionsanalyse verwendet. Diese Methode eignet sich besonders, um die Kausalbeziehungen zwischen mehreren unabhängigen Variablen (wie Qualifikation der Mitarbeiter, Akzeptanz, Datenqualität usw. = X) und der abhängigen Variable (Nutzungsintensität von KI im Marketing = Y) zu untersuchen.[7] Dadurch kann festgestellt werden, welche Faktoren die Nutzungsintensität von KI im Marketing signifikant beeinflussen. Der lineare Zusammenhang zwischen den unabhängigen Variablen und der abhängigen Variable kann wie folgt beschrieben werden: $Y_i = \beta_0 + \beta_1 x_{i1} + \cdots + \beta_p x_{ip} + \epsilon_i$, $i = 1, \ldots, n$, $E(\epsilon_i) = 0$ (ϵ = Fehler (Störgröße), nicht allein durch X erklärbar; β = Regressionskoeffizienten).[8] Die Regressionsfunktion für die Untersuchung lautet:

$$\hat{Y} = b0 + b_1 X_1 + b_2 X_2 + \ldots + b_{12} X_{12}$$

Voraussetzungen für die Regressionsanalyse sind Normalverteilung der Störgrößen, keine perfekte Multikollinearität, Linearität in den Parametern, keine fehlende relevante unabhängige Variable, fehlerfreie Messung der unabhängigen Variablen, Homoskedastizität, dass die Störgrößen nicht korreliert (Autokorrelation) und keine auffälligen Ausreißer vorhanden sind.[9] Die Qualität (Güte) der Regressionsfunktion wird durch die Anpassungsgüte geprüft. Hierzu wird das korrigierte Bestimmtheitsmaß (R^2_{korr}) genutzt, da dieses Maß die Stichprobengröße und die Anzahl der unabhängigen Variablen berücksichtigt.[10] Anschließend wird mithilfe des F-Tests ermittelt, ob das Gesamtmodell signifikant ist und mindestens eine der unabhängigen Variablen einen statistisch signifikanten Beitrag zur Modellerklärung leistet (H_0: $b_1 = b_2 = \ldots = b_{12} = 0$ gegen H_1: mindestens ein $bj \neq 0$). Wenn dies der Fall ist, wird folgend geprüft, ob die einzelnen Variablen einen signifikanten Einfluss auf Y haben. Hierzu wird der t-Test herangezogen.[11] Das Testproblem besteht darin, die Nullhypothese H_0: $bj = 0$ gegen die Alternativhypothese H_1: $bj \neq 0$ zu testen, um festzustellen, ob ein signifikanter Zusammenhang besteht. Dieses Testproblem wird auf alle aufgestellten Hypothesen angewandt. Zusätzlich wird überprüft, ob der Koeffizient positiv ist, indem

---

[7] Vgl. Backhaus, K./ Erichson, B./ Gensler, S./ Weiber, R./ Weiber, T. (2023), S. 65.

[8] Vgl. Fahrmeir, L./ Heumann, C./ Künstler, R./ Pigeot, I./ Tutz, G. (2023), S. 482, 500.

[9] Vgl. Backhaus, K./ Erichson, B./ Gensler, S./ Weiber, R./ Weiber, T. (2023), S. 102–103, 125–126.

[10] Vgl. Backhaus, K./ Erichson, B./ Gensler, S./ Weiber, R./ Weiber, T. (2023), S. 86–87, 95.

[11] Vgl. Backhaus, K./ Erichson, B./ Gensler, S./ Weiber, R./ Weiber, T. (2023), S. 96, 98.

die Hypothese H_0: bj ≤ 0 gegen H_1: bj > 0 getestet wird. Die Regressionskoeffizienten geben zudem Aufschluss über die Wichtigkeit der Variable. Erhöht man den Wert einer unabhängigen Variable um eine Einheit, so gibt der entsprechende Regressionskoeffizient an, um wie viel sich die abhängige Variable im Durchschnitt ändert, wenn alle anderen Variablen konstant gehalten werden.[12]

Es wird unterstellt, dass bei der Korrelations- und Regressionsanalyse keine relevanten unabhängigen Variablen fehlen, die verwendeten Variablen relevant sind und die Messung der unabhängigen Variablen fehlerfrei erfolgt.

Die Stichprobe für diese Untersuchung umfasst sowohl aktuelle Marketingverantwortliche als auch Personen, die über die Marketingaktivitäten ihres Unternehmens informiert sind. Diese Zielgruppe wurde ausgewählt, um umfassende Einblicke in den Einsatz von KI in den Marketingabteilungen zu erhalten und relevante sowie fundierte Daten über den aktuellen Stand des KI-Einsatzes liefern zu können. Die genaue Stichprobengröße wird durch die Anzahl der Rückmeldungen bestimmt, die innerhalb des festgelegten Befragungszeitraums eingehen. Ziel ist es, eine ausreichend große Stichprobe zu erhalten, um statistisch signifikante Ergebnisse zu erzielen und verallgemeinerbare Aussagen treffen zu können. Die angestrebte Stichprobengröße liegt bei mindestens 50 Teilnehmern, die den Fragebogen beendet haben.

Durch eine gezielte Auswahl der Teilnehmer über verschiedene Kanäle und eine breite Streuung der Umfrage soll eine repräsentative Stichprobe erreicht werden, um die Ergebnisse auf eine breitere Population unterschiedlicher Branchen und Unternehmensgrößen übertragbar zu machen. Die Methodik gewährleistet, dass die gewonnenen Daten eine solide Grundlage für die Analyse des aktuellen Einsatzes von KI im Marketing und die Ableitung praxisrelevanter Handlungsempfehlungen bilden.

Nach Abschluss der Datenerhebung nahmen insgesamt 65 Personen an der Umfrage teil. 55 Personen haben die Umfrage beendet. Die Geschlechterverteilung der 55 Teilnehmer zeigt mit 43,6 % männlichen und 52,7 % eine relativ ausgewogene Balance. Zwei Teilnehmer haben hierzu keine Angabe gemacht. Die Altersverteilung deckt ein breites Spektrum ab. 27,3 % der Teilnehmer sind zwischen 18–24 Jahren, 41,8 % zwischen 25–39 Jahren und 30,9 % zwischen 40–59 Jahren alt.

[12] Vgl. Fahrmeir, L./ Heumann, C./ Künstler, R./ Pigeot, I./ Tutz, G. (2023), S. 499.

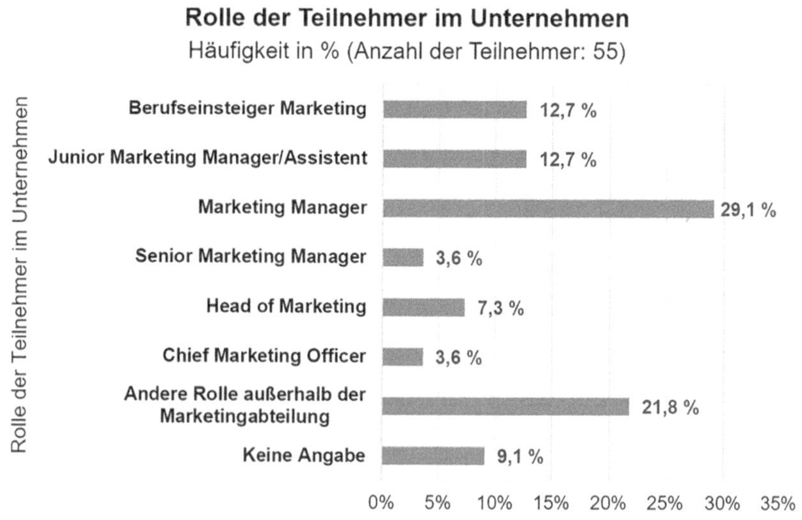

Abbildung 4.1 Rolle der Teilnehmer im Unternehmen. (Quelle: Eigene Abbildung)

Die Teilnehmer sind in unterschiedlichen Positionen im Unternehmen tätig. Insgesamt sind 21,8 % der Teilnehmer außerhalb der Marketingabteilung und 69,1 % innerhalb der Marketingabteilung tätig. Fünf Personen haben keine Angabe gemacht. Die Verteilung kann aus der Abbildung 4.1 entnommen werden.

Über die Dauer der Tätigkeit im Marketing haben 50 Teilnehmer eine Angabe gegeben. Unter diesen 50 Personen sind 14 % weniger als 1 Jahr, 36 % 1–3 Jahre, 22 % 4–6 Jahre, 10 % 7–10 Jahre und 18 % mehr als 10 Jahre im Marketing beschäftigt.

Die Teilnehmer sind in unterschiedlichen Unternehmen beschäftigt. Das Alter der Unternehmen wurde von 9,1 % mit 1–5 Jahren, 16,4 % mit 6–10 Jahren, 10,9 % mit 11–20 Jahren und von 63,6 % über 20 Jahren angegeben. Die Anzahl der Mitarbeiter des Unternehmens, in dem sie tätig sind, wird von 12,7 % mit weniger als 10 (Kleinstunternehmen), von jeweils 16,4 % mit 10–49 (kleine Unternehmen) sowie 50–249 (mittlere Unternehmen) und 54,5 % mit 250 oder mehr (Großunternehmen) angegeben.[13] Von den Teilnehmern wurden

[13] Vgl. www.ec.europa.eu (2016, Oktober 31).

verschiedene Branchenzugehörigkeiten des Unternehmens angegeben. Die Verteilung kann der Abbildung 4.2 entnommen werden. Die Branchen „Baugewerbe", „Freizeit" und „Tourismus und Gastronomie" sind nicht vertreten.

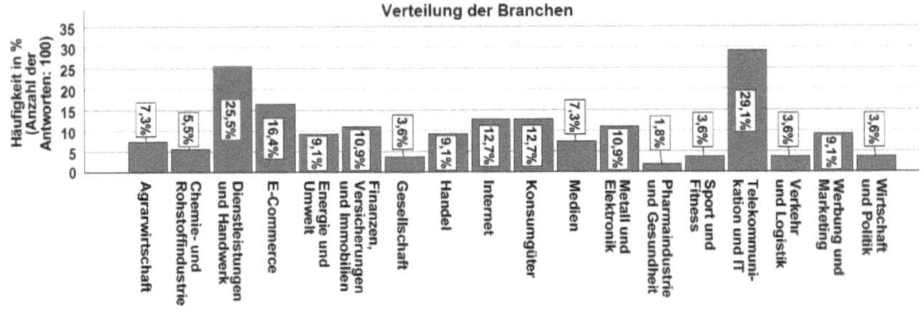

Abbildung 4.2 Verteilung der Branchen. (Quelle: Eigene Abbildung)

Aus diesen unterschiedlichen Branchen, Unternehmensgrößen und Unternehmensaltern ergibt sich eine vielfältige Teilnehmergruppe für diese Untersuchung. Im Vergleich zur allgemeinen Unternehmensverteilung in Deutschland dominierten im Jahr 2021 kleine und mittlere Unternehmen mit einem Anteil von 99,3 %, während Großunternehmen nur 0,7 % ausmachten.[14] Aufgrund der Diskrepanz zur erhobenen Stichprobe könnten die Ergebnisse möglicherweise nicht direkt auf die gesamte Population der Marketingabteilungen in Deutschland übertragen werden.

4.2 Ablauf der Datenerhebung und Aufbau der Befragung

Der Fragebogen wird über LamaPoll erstellt. LamaPoll ist ein Online-Umfrage-Tool mit dem unterschiedliche Umfragetypen erstellt, versendet und ausgewertet werden können. Das Umfrage-Tool bietet eine Vielzahl an Funktionen sowie Fragetypen und zeichnet sich durch hohe Sicherheits- und Datenschutzstandards aus.[15] Der erstellte Fragebogen wird über mehrere Kanäle durch einen Link an die Zielgruppe verteilt. Die Umfrage wurde vom 27.05.2024 bis zum 09.06.2024 durchgeführt.

[14] Vgl. Rudnicka, J. (2024, März 15).

[15] Vgl. www.lamapoll.de (o. D.).

Die Teilnehmer für die Umfrage werden über drei Kanäle gewonnen. Zum einen wird die Umfrage über den Newsletter des Marketing-Vereins „Marketing-Club Hannover e. V.“ beworben. Dieser Newsletter richtet sich an Marketinginteressierte aus verschiedenen Branchen sowie Unternehmensgrößen und bietet somit Zugang zu einer breiten und diversen Zielgruppe. Zudem wird die Befragung in beruflichen sozialen Medien auf LinkedIn und Slack geteilt. Die Plattformen werden unter anderem von erwerbstätigen Personen genutzt. Des Weiteren werden Unternehmen telefonisch kontaktiert und gebeten, an der Umfrage teilzunehmen. Dies ermöglicht eine größere Reichweite und erhöht die Chancen, eine repräsentative Stichprobe zu erhalten.

Der Fragebogen wurde entwickelt, um die in den vorherigen Kapiteln aufgeworfenen Forschungsfragen zum aktuellen Einsatz von KI in der Marketingabteilung zu untersuchen. Er basiert auf den theoretischen Erkenntnissen über den möglichen Einsatz von KI im Marketing sowie die damit verbundenen Potenziale und Herausforderungen. Ziel ist es, sowohl den aktuellen Einsatz von KI als auch die erlebten Potenziale und Herausforderungen umfassend zu untersuchen.

Der Fragebogen beginnt mit einem Einleitungstext, der den Titel der Umfrage beinhaltet und den Teilnehmern den Hintergrund sowie die Relevanz der Studie verdeutlicht. Zudem vermittelt er wichtige Informationen zur Dauer und Vertraulichkeit der Umfrage sowie darüber, dass die Ergebnisse im Rahmen einer Veranstaltung vorgestellt werden. Ebenfalls werden Kontaktdaten für Rückfragen aufgeführt. Der Einleitungstext zielt darauf ab, Vertrauen zu schaffen und die Teilnehmer zu motivieren, die Umfrage vollständig und ehrlich auszufüllen.

Die Befragung besteht aus vier Abschnitten mit insgesamt 26 Fragen. Der erste Abschnitt zielt darauf ab, einen Überblick über den aktuellen Einsatz von KI in Marketingabteilungen und die Intensität der Nutzung in den verschiedenen Phasen des Marketingprozesses zu gewinnen. Zu Beginn wird gefragt, ob in der Marketingabteilung des Unternehmens offiziell/genehmigt KI im Marketing eingesetzt wird. Die Frage kann mit „Ja“ oder „Nein“ beantwortet werden. Um den Teilnehmern das Verständnis für die Phasen des Marketingprozesses und deren Aufgaben zu vermitteln, wird anschließend Abbildung 2.2 aufgeführt und kurz beschrieben. Die zweite Frage erkundigt sich danach, in welchen Phasen des Marketingprozesses KI in der Marketingabteilung eingesetzt wird. Bei dieser Frage ist eine Mehrfachauswahl der Antworten möglich, die die verschiedenen Phasen des Marketingprozesses bilden. Anschließend wird die Nutzungsintensität von KI in der Marketingabteilung in den einzelnen Phasen und Aufgabenbereichen abgefragt (Frage 3 – 9). Die Antwortauswahl erfolgt auf einer sechsstufigen Skala von „1 = Nie“ bis „6 = Kontinuierlich“, um die Tendenz zur Mitte zu vermeiden. Frage 10 erkundigt sich danach, bei welchen konkreten Marketingaktivitäten KI eingesetzt wird (Abschnitt 2.3.1). Die Antwortmöglichkeiten bestehen aus verschiedenen Marketingaktivitäten bei denen KI unterstützen kann. Eine Mehrfachnennung ist möglich. Die elfte Frage ist eine offene Frage und bietet den Teilnehmern die Möglichkeit, weitere Marketingaktivitäten zu nennen, bei denen KI eingesetzt wird.

Der zweite Abschnitt der Befragung untersucht die Potenziale und Herausforderungen beim Einsatz von KI in der Marketingabteilung. Zunächst erkundigt sich Frage 12, wie der Befragte die Verbesserungen durch den Einsatz von KI bewertet. Die Verbesserungen basieren auf den in Abschnitt 2.3.2 identifizierten Potenzialen und werden auf einer sechsstufigen Skala von „1 = Keine" bis „6 = Außerordentlich" bewertet. Im Anschluss folgt eine offene Frage, die den Teilnehmern die Möglichkeit bietet, weitere Verbesserungen zu benennen (Frage 13). Frage 14 untersucht, mit welchen Herausforderungen das Unternehmen bei der Nutzung und Implementierung von KI im Marketing konfrontiert war oder ist. Die verschiedenen Antwortoptionen basieren auf den in Abschnitt 2.3.2 ermittelten Herausforderungen. Eine Mehrfachnennung ist möglich. Es folgt eine offene Frage, um weitere Herausforderungen zu ergänzen (Frage 15). Anschließend wird erfragt, wie die Marketingabteilung in Bezug auf den Einsatz von KI bei den verschiedenen Faktoren aufgestellt ist (Frage 16). Diese basieren auf den in Abschnitt 2.3.2 ermittelten Herausforderungen und werden auf einer sechsstufigen Skala von „1 = Gar nicht" bis „6 = Hervorragend" bewertet.

Im dritten Abschnitt wird die individuelle Nutzung von KI des Befragten untersucht. In Frage 17 wird der Teilnehmer gebeten, die eigene Nutzungsintensität von KI auf einer sechsstufigen Skala von „1 = Nie" bis „6 = Kontinuierlich" zu bewerten. Anschließend wird nach der Zufriedenheit mit der aktuellen Integration von künstlicher Intelligenz in der Marketingabteilung gefragt (Frage 18). Diese kann auf einer Skala von „1 = Sehr unzufrieden" bis „6 = Sehr zufrieden" beantwortet werden. Es folgt eine offene Frage, um eine Begründung für die Zufriedenheit anzugeben (Frage 19).

Der vierte Abschnitt (Frage 20 – 26) erfasst allgemeine Unternehmensinformationen sowie personenbezogene Daten. Dabei werden das Alter des Unternehmens, die Anzahl der Mitarbeiter, die Branche, das Geschlecht des Befragten, die Altersgruppe, die Dauer der Tätigkeit im Marketing und die Rolle des Befragten in der Marketingabteilung erfasst. Es handelt sich um geschlossene Fragen, wobei bei der Frage zur Branche des Unternehmens eine Mehrfachnennung möglich ist. Die Antwortoptionen bezüglich der Branche des Unternehmens wurden von Statista,[16] die Rollen in der Marketingabteilung von W&V,[17] welche durch die Option „andere Position außerhalb der Marketingabteilung" ergänzt wurde, sowie die Anzahl der Mitarbeiter (Unternehmensgröße) von Eurostat[18] übernommen.

Die aus der Befragung gewonnenen Daten werden vertraulich behandelt und ausschließlich zu Forschungszwecken verwendet. Vor Beginn der Umfrage werden die Teilnehmer über den Zweck des Fragebogens informiert und mit dem Ausfüllen des Fragebogens geben sie ihre Einwilligung zur Datenerhebung. Die Anonymität ist gewährleistet. Zudem sind die Fragen so formuliert, dass keine sensiblen Themen berührt werden. Die Teilnahme erfolgt freiwillig und kann jederzeit abgebrochen werden.

4.3 Datenaufbereitung

Die Daten der Umfrage werden aus dem Online-Umfrage-Tool exportiert und anschließend mit IBM SPSS Statistics analysiert. Mit dieser Software können Daten statistisch aufbereitet und Aussagen über die vorliegenden Datenmengen getroffen werden.[19]

Es werden ausschließlich die Daten von vollständig abgeschlossenen Fragebögen aus LamaPoll exportiert und in SPSS importiert. Nach dem Import der Daten in SPSS werden diese auf Vollständigkeit und Plausibilität geprüft. Im Rahmen der Plausibilitätsprüfung wird sichergestellt, dass die Daten logisch konsistent und realistisch sind.

Es wurde festgestellt, dass einige Teilnehmer in der Umfrage bestimmte Phasen des Marketingprozesses nicht in der zweiten Frage ausgewählt haben, obwohl sie in den darauffolgenden Fragen Angaben zur Nutzungsintensität zu diesen Phasen gemacht haben. Diese Inkonsistenz könnte die Validität der Daten beeinträchtigen und somit die Interpretation der Ergebnisse erschweren. Um diesem Problem zu begegnen, wurden die fehlenden Antworten manuell ergänzt.[20] Zudem hat ein Teilnehmer angegeben, dass beim Einsatz und der Implementierung von KI in der Marketingabteilung bestimmte Herausforderungen aufgetreten

[16] Vgl. www.de.statista.com (o. D.).

[17] Vgl. Janotta, A. (2016, Juni 28).

[18] Vgl. www.ec.europa.eu (2016, Oktober 31).

[19] Vgl. www.ibm.com (o. D.b).

[20] Vgl. Astera Software (2024, April 2).

sind und gleichzeitig ausgewählt, dass das Unternehmen mit keinen Herausforderungen konfrontiert ist oder war. Die Angabe „Keine“ wird entfernt, da Herausforderungen angegeben wurden. Variablen wie beispielsweise die Teilnahmedauer und das Teilnahmedatum wurden aus dem Datensatz entfernt, da diese nicht zur Beantwortung der Forschungsfragen beitragen.

Die Antworten auf offene Fragen werden sorgfältig überprüft, wobei redundante und nicht aussagekräftige Antworten ausgeschlossen werden. Zusätzlich werden Antworten, die bereits in den geschlossenen Fragen gegeben wurden, aber nicht ausgewählt wurden, in die geschlossenen Fragen integriert, um eine konsistente Datenerfassung sicherzustellen. Falls offene Fragen neue Informationen enthalten, die nicht durch die geschlossenen Fragen abgedeckt werden, werden diese kategorisiert und neue Variablen erstellt. Aus den offenen Fragen ergeben sich die neuen Variablen „F13_1_weitereVerbesserungen_Geschwindigkeit“, „F13_2_weitereVerbesserungen_Außenwirkung“, „F19 _1_Begründung_Zufriedenheit_Potenziale“, „F19_2_Begründung_Zufriedenheit _Ressourcen“ und „F19_3_Begründung_Zufriedenheit_RisikenProbleme“. Die Variablen der offenen Fragen werden nach der Erstellung der neuen Variablen gelöscht. Diese Maßnahmen zielen darauf ab, die Datenqualität zu verbessern und mögliche Verzerrungen zu minimieren, die auftreten können, wenn ähnliche Informationen unterschiedlich erfasst werden. Dadurch wird sichergestellt, dass die Daten für die Analyse vorbereitet und ihre Konsistenz sowie Qualität gewährleistet sind.

Anschließend werden neue Variablennamen erstellt und die Daten gemäß der in Abschnitt 4.2 beschriebenen Skala codiert. Fehlende Antworten werden mit dem Wert „999“ codiert. Die gesamte Codierung kann dem Codierungsplan entnommen werden. Dieser ist in Anhang 4 im elektronischen Zusatzmaterial einsehbar. Die Messniveaus und Typen der Variablen werden definiert und die Beschriftungen werden angepasst. Für Variablen aus Mehrfachantworten werden für die Auswertung Mehrfachantwortensets erstellt.

Zur Beschreibung der Ergebnisse wurde eine Bewertungsskala entwickelt. Diese ist in Anhang 5 im elektronischen Zusatzmaterial einsehbar. Diese Skala wurde unter Berücksichtigung der Rundungsregel festgelegt, um eine konsistente und präzise Analyse der Daten zu gewährleisten.

Zur Identifikation von Ausreißern werden Box-Plots verwendet, um sicherzustellen, dass die Daten keine extremen Werte enthalten, die das Ergebnis der Analyse verzerren könnten. Von den analysierten Variablen weist lediglich die Variable „F7_3_Nutzungsintensität_Marketinginstrumente_Preis" extreme Ausreißer auf (siehe elektronisches Zusatzmaterial, Anhang 6.2). Diese Ausreißer werden nicht entfernt, da anzunehmen ist, dass einige Unternehmen in dieser Phase eine höhere Nutzungsintensität aufweisen. Das Vorhandensein dieser Ausreißer spiegelt daher tatsächliche Unterschiede der Nutzungsintensität der Unternehmen wider und sollte nicht als Fehler oder Anomalie betrachtet werden. Die Beibehaltung dieser Datenpunkte ist wichtig, um die Vielfalt und Realität der Unternehmenspraktiken abzubilden.

Auswertung der Forschungsergebnisse 5

5.1 Anwendung und Nutzungsintensität von KI in Marketingabteilungen

Insgesamt geben 63,6 % der Teilnehmer an, dass in der Marketingabteilung ihres Unternehmens offiziell/genehmigt KI eingesetzt wird. In Bezug auf den genehmigten/offiziellen Einsatz von KI in der Marketingabteilung fällt auf, dass die Branchen E-Commerce, Gesellschaft, Internet, Medien, Sport und Fitness, Logistik und Verkehr, Werbung und Marketing sowie Wirtschaft und Politik einen flächendeckenden Einsatz aufweisen. Im Gegensatz dazu zeigt sich in den Branchen Finanzen, Versicherungen und Immobilien, Pharmaindustrie und Gesundheit sowie Konsumgüter ein geringerer Anteil bis hin zu keinem offiziellen/genehmigten KI-Einsatz im Marketing. Bei den verbleibenden Branchen wird KI im Marketing überwiegend offiziell/genehmigt eingesetzt. Die Verteilung wird in Abbildung 5.1 veranschaulicht.

Ergänzende Information Die elektronische Version dieses Kapitels enthält Zusatzmaterial, auf das über folgenden Link zugegriffen werden kann https://doi.org/10.1007/978-3-658-50037-5_5.

D. Gründel, *Künstliche Intelligenz in der Marketingabteilung*, BestMasters,
https://doi.org/10.1007/978-3-658-50037-5_5

Abbildung 5.1 Genehmigter/Offizieller Einsatz von künstlicher Intelligenz im Marketing nach Branchen. (Quelle: Eigene Abbildung)

Der genehmigte/offizielle Einsatz von KI in der Marketingabteilung variiert je Unternehmensgröße. Bei Unternehmen mit weniger als 10 Mitarbeitern gaben 71,4 % der Befragten an, dass KI genehmigt/offiziell im Marketing eingesetzt wird. Bei Unternehmen mit 10–49 Mitarbeitern und 50–249 Mitarbeitern liegt der Anteil bei 77,8 %. Bei den Großunternehmen mit 250 oder mehr Mitarbeitern gaben 53,3 % der Befragten an, dass KI offiziell/genehmigt eingesetzt wird.

Aus den Umfrageergebnissen ergibt sich, dass der genehmigte/offizielle KI-Einsatz im Marketing mit zunehmendem Alter des Unternehmens abnimmt. Es zeigt sich, dass 100 % der Unternehmen mit einem Alter von 1–5 Jahren, 66,7 % mit einem Alter von 6–10 sowie 11–20 Jahren und 57,1 % mit einem Alter von mehr als 20 Jahren KI offiziell/genehmigt im Marketing einsetzen.

Die Frage, in welchen Phasen des Marketingprozesses KI eingesetzt wird, wurde von 43 Personen beantwortet. Demnach nutzen 74,4 % der Unternehmen KI in der Situationsanalyse, 55,8 % in der Phase „Marketingziele", 51,2 % in der Phase „Marketingstrategie", 72,1 % in der Phase „Marketinginstrumente", 86 % in der Marketingimplementierung und 65,1 % in der Phase „Marketingcontrolling". Je Unternehmensgröße variiert die Verteilung. Kleinstunternehmen nutzen KI am häufigsten in den Phasen „Situationsanalyse" und „Marketingimplementierung". Kleine Unternehmen in den Phasen „Situationsanalyse", „Marketingziele", „Marketinginstrumente" und „Marketingimplementierung". Mittlere Unternehmen in den Phasen „Situationsanalyse", „Marketinginstrumente", „Marketingimplementierung" und „Marketingcontrolling". Der Einsatz von KI in den einzelnen Phasen des Marketingprozesses ist bei Großunternehmen annähernd gleich. Am häufigsten nutzen Großunternehmen KI in den Phasen „Situationsanalyse" und „Marketingimplementierung". Eine detaillierte Verteilung des Einsatzes von KI nach Unternehmensgröße und Phase des Marketingprozesses kann dem elektronischen Zusatzmaterial in Anhang 6.3 entnommen werden.

Die Nutzungsintensität von KI in den einzelnen Phasen des Marketingprozesses wurde auf einer Skala von „1 = Nie" bis „6 = Kontinuierlich" bewertet. Um einen umfassenden Überblick über die Datenlage zu bieten, werden die Lage- und die Streuungsmaße der erhobenen Variablen analysiert. Eine detaillierte Übersicht ist im elektronischen Zusatzmaterial in Anhang 6.3 enthalten.

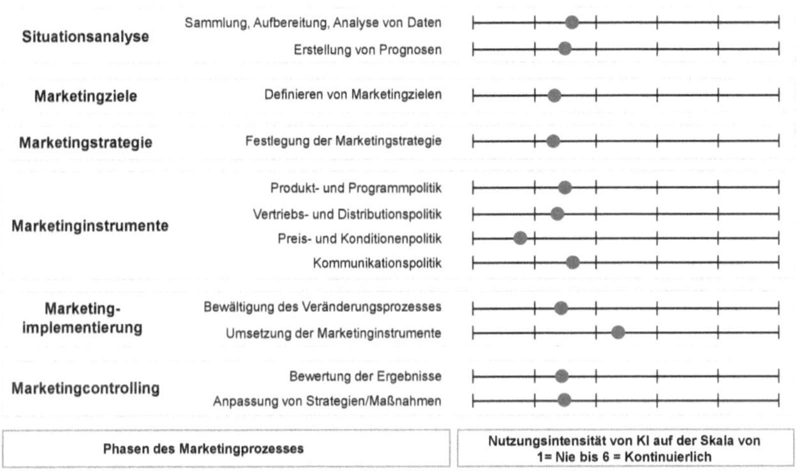

Abbildung 5.2 Nutzungsintensität von KI im Marketingprozess. (Quelle: Eigene Abbildung)

Die Mittelwerte der Bewertungen über die Nutzungsintensität liegen im Bereich von 1,77 bis 3,3. Der niedrigste Mittelwert von 1,77 wird in der Phase „Marketinginstrumente" bei der Preis- und Konditionenpolitik festgestellt. Dies deutet darauf hin, dass KI in diesem Bereich im Durchschnitt selten genutzt wird. Der höchste Mittelwert von 3,3 wurde in der Phase „Marketingimplementierung" für die Umsetzung der Marketinginstrumente ermittelt, was im Durchschnitt auf eine gelegentliche Nutzung hinweist. Zudem weisen die Variablen „Marketinginstrumente – Kommunikationspolitik" (2,64), „Situationsanalyse – Sammlung und Aufbereitung von Daten" (2,63) und „Marketinginstrumente – Produkt- und Programmpolitik" (2,50) vergleichsweise hohe Mittelwerte auf, die auf eine im Durchschnitt gelegentliche Nutzung hindeuten. Die Mittelwerte der verbleibenden Variablen liegen zwischen 2,26 und 2,49, was auf eine im Durchschnitt seltene Nutzung hindeutet. Die Nutzungsintensität von KI im Marketingprozess veranschaulicht Abbildung 5.2.

Die Mediane der untersuchten Variablen liegen überwiegend bei 1 oder 2, was darauf hindeutet, dass 50 % der Unternehmen KI entweder nie oder nur selten in den entsprechenden Phasen des Marketingprozesses einsetzen. Eine Ausnahme bildet die Phase der „Marketingimplementierung" bei der Umsetzung der Marketinginstrumente. Hier liegt der Median bei 3, was darauf hinweist, dass die Hälfte der Unternehmen in dieser Phase höchstens eine gelegentliche Nutzung von KI aufweisen.

Die Standardabweichungen der Umfrageergebnisse zur Nutzungsintensität von künstlicher Intelligenz variieren moderat zwischen 1,723 und 1,851. Dies deutet darauf hin, dass die Nutzungsintensität in den verschiedenen Phasen des Marketingprozesses zwar variabel ist, jedoch insgesamt ähnliche Streumuster aufweisen. Eine Ausnahme bildet die Phase der „Marketinginstrumente" in der Preis- und Konditionenpolitik mit einer Standardabweichung von 1,477, was auf eine engere Verteilung der Antworten um den Mittelwert hinweist.

Die Interquartilsabstände der untersuchten Variablen erstrecken sich über verschiedene Bereiche. Die meisten Variablen zeigen einen Interquartilsabstand von 1 bis 4, was bedeutet, dass die mittleren 50 % der Datenpunkte eine Nutzungsintensität von nie bis häufig aufweisen. Jedoch zeigen einzelne Variablen unterschiedliche Streuungen. Zum Beispiel erstreckt sich der Interquartilsabstand für die Variable „Marketingimplementierung – Umsetzung der Marketinginstrumente" von 1,25 bis 5, was auf eine größere Variation in den Daten hinweist. Im Gegensatz dazu beträgt der Interquartilsabstand für die Variable „Marketinginstrumente – Preis- und Konditionenpolitik" 1 bis 2, was auf eine engere Konzentration der Daten um den Median hinweist.

Die Bewertungen zur allgemeinen Nutzungsintensität von KI in der Marketingabteilung zeigen folgende statistische Kennzahlen: Der Mittelwert beträgt 3,28, was darauf hinweist, dass KI im Durchschnitt gelegentlich genutzt wird. Der Median von 3 bestätigt, dass 50 % der Marketingabteilungen KI höchstens gelegentlich einsetzen. Der Interquartilsabstand erstreckt sich von 2 bis 4, was bedeutet, dass die mittleren 50 % der Bewertungen eine Nutzung von selten bis häufig umfassen. Die Standardabweichung beträgt 1,652, was eine moderate Streuung um den Mittelwert anzeigt. Diese statistischen Ergebnisse zeigen, dass KI in der Marketingabteilung insgesamt gelegentlich genutzt wird, jedoch mit einer gewissen Variabilität zwischen den Einschätzungen der Teilnehmer.

Die allgemeine Nutzungsintensität von KI in der Marketingabteilung variiert in Abhängigkeit von der Größe des Unternehmens. Im Durchschnitt stellt sich die allgemeine Nutzungsintensität wie folgt dar:

- Kleinstunternehmen: 2,75 → gelegentliche Nutzung
- Kleine Unternehmen: 3,63 → häufige Nutzung
- Mittlere Unternehmen: 3,88 → häufige Nutzung
- Großunternehmen: 3,04 → gelegentliche Nutzung

Die Umfrageergebnisse zeigen, dass Unternehmen KI in einer Vielzahl von Marketingaktivitäten einsetzen. Die häufigsten Anwendungen von KI umfassen die Werbemittelgestaltung (58,7 %), gefolgt von der Aufbereitung von Daten (56,52 %) und der Formulierung von Werbebotschaften (47,83 %). Des Weiteren werden KI-Technologien zur Erstellung von Produktbeschreibungen und -bildern (43,48 %) sowie zur Sammlung von Daten (41,30 %) genutzt. Darüber hinaus spielen Markt- und Wettbewerbsanalysen (30,43 %), Kundenanalysen (28,26 %) und die Bewertung von Ergebnissen (28,26 %) eine bedeutende Rolle. Eine detaillierte Aufstellung der Häufigkeit der Nutzung von KI in verschiedenen Marketingaktivitäten ist im elektronischen Zusatzmaterial in Anhang 6.3 zu finden. Alle verfügbaren Antwortmöglichkeiten wurden in der Umfrage genutzt.

Von den 47 Teilnehmern, die die Frage zur persönlichen Nutzungsintensität beantwortet haben, gaben 23,4 % an, dass sie KI bei ihren Marketingaufgaben nie nutzen. Demnach nutzen 67,6 % KI bei den anfallenden Marketingaufgaben. Der Mittelwert der persönlichen Nutzungsintensität liegt bei 3,55. Dies deutet auf eine im Durchschnitt häufige Nutzung hin. Der Median liegt bei 4, was darauf hindeutet, dass die Hälfte der Befragten KI höchstens häufig nutzt.

Die Zufriedenheit der Befragten mit der Integration von KI in der Marketingabteilung wurde auf einer Skala von „1 = Sehr unzufrieden“ bis „6 = Sehr zufrieden“ bewertet und liegt bei einem Mittelwert von 3,8. Dies deutet darauf hin, dass die Befragten im Durchschnitt eher zufrieden sind. Der Median liegt bei 4, was bedeutet, dass 50 % der Befragten höchstens eher zufrieden sind. Die Zufriedenheit bzw. Unzufriedenheit einiger Befragten wird durch Faktoren wie die angemessene oder unangemessene Ressourcenbereitstellung, die Nutzung oder Nichtnutzung der Potenziale von KI sowie das Auftreten von Problemen oder Risiken erklärt.

5.2 Verbesserungen durch den Einsatz von KI im Marketing

Die wahrgenommenen Verbesserungen, die durch den Einsatz von KI im Marketing durch die Teilnehmer wahrgenommen werden, wurden auf einer Skala von „1 = Keine" bis „6 = Außerordentlich" bewertet. Um eine umfassende Übersicht über die Datenlage zu erhalten, werden Lage- und Streuungsmaße der erhobenen Variablen analysiert. Eine detaillierte Zusammenfassung ist im elektronischen Zusatzmaterial in Anhang 6.4 zu finden.

Die Mittelwerte der Variablen reichen von 2,24 bis 4,09. Den höchsten Mittelwert weist die Produktivität mit 4,09 auf, was auf eine im Durchschnitt starke wahrgenommene Verbesserung hindeutet. Ebenfalls hohe Mittelwerte weisen die Innovationsförderung (3,44) und Effizienz (3,41) auf, was im Durchschnitt auf moderat wahrgenommene Verbesserungen hinweist. Die geringsten Mittelwerte weisen die Variablen „Erschließung neuer Märkte" (2,24), „Kundenbindung" (2,37) und „Umsatzsteigerung" (2,49) auf. Dies deutet im Durchschnitt auf geringe wahrgenommene Verbesserungen hin. Die übrigen Variablen bewegen sich um einen Mittelwert von 3, was auf im Durchschnitt moderat wahrgenommene Verbesserungen hinweist. Insgesamt werden alle genannten Verbesserungen durch den Einsatz von KI in der Marketingabteilung wahrgenommen.

Die Mediane der Variablen variieren von 1 bis 4. Einen Median von 4 weisen die Produktivität, Effizienz und Innovationsförderung auf. Dies weist darauf hin, dass 50 % der Teilnehmer höchstens starke Verbesserungen beim Einsatz von KI im Marketing bei diesen Variablen wahrnehmen. Einen ebenfalls hohen Median weisen die Qualität und Effektivität mit einem Median von 3,50 auf. Es folgen die Kostenreduzierung und Reaktionsfähigkeit mit einem Median von 3. Somit nimmt die Hälfte der Teilnehmer hier höchstens moderate Verbesserungen wahr. Einen Median von 2 weisen die Variablen „Kundenerfahrung", „Kundenbindung" und „Umsatzsteigerung" auf. Den geringsten Median weißt du die Variable „Erschließung neuer Märkte" mit 1 auf, was darauf hinweist, dass die Hälfte der Teilnehmer keine Verbesserungen wahrnimmt.

Die Interquartilsabstände, die die mittleren 50 % der Daten umfassen, zeigen eine Variation auf. Besonders stark ausgeprägt ist diese Variation der wahrgenommenen Verbesserungen bei den Variablen Effektivität, Innovationsförderung und Reaktionsfähigkeit, deren Interquartilsabstände von 1 bis 5 reichen. Ebenso erstreckt sich die Spanne bei der Effizienz von 1,50 bis 5, während der Interquartilsabstand für die Kostenreduzierung zwischen 1 und 4,75 liegt. Im Gegensatz dazu ist die Variation bei der Umsatzsteigerung, Kundenbindung und Erschließung neuer Märkte mit einem Interquartilsabstand von 1 bis 3 geringer. Dies legt nahe, dass die mittleren 50 % der Daten hier keine bis moderate Verbesserungen wahrnehmen. Hinsichtlich der Produktivität beträgt der Interquartilsabstand 3 bis 5, was darauf hinweist, dass die mittleren 50 % der Teilnehmer moderate bis sehr starke Verbesserungen in diesem Bereich wahrnehmen.

Die Standardabweichungen variieren zwischen 1,404 und 1,802, was darauf hinweist, dass die Antworten um den Mittelwert herum moderat streuen und die

Wahrnehmungen variieren. Die geringste Streuung zeigt sich bei der Umsatzsteigerung mit einer Standardabweichung von 1,404, während bei der Effektivität die höchste Streuung mit einer Standardabweichung von 1,802 festgestellt wurde. Demnach weisen die Daten bezüglich der Effektivität die größte Streuung um den Mittelwert auf.

Zudem gehen aus der offenen Frage, die sich nach weiteren wahrgenommenen Verbesserungen erkundigt, die Verbesserungen „Geschwindigkeit" und „Außenwirkung" hervor.

Um nun die Hypothesen H3.1 – H3.11 zu prüfen, wird die Korrelationsanalyse durchgeführt. Zunächst werden die Voraussetzungen überprüft und Ausreißer vor der Durchführung der Korrelationsanalyse entfernt, um eine Verzerrung der Korrelationskoeffizienten zu verhindern und eine zuverlässige Einschätzung der tatsächlichen Beziehung zwischen den Variablen zu ermöglichen. Dies betrifft speziell, die aus den Streudiagrammen (siehe elektronisches Zusatzmaterial, Anhang 6.4) identifizierten Ausreißer in den folgenden Paaren: Qualität | Allgemeine Nutzungsintensität (1|6), Effizienz | Allgemeine Nutzungsintensität (1|6), Effektivität | Allgemeine Nutzungsintensität (1|6), Innovationsförderung | Allgemeine Nutzungsintensität (1|6). Das Histogramm zur Prüfung der Normalverteilung zeigt, dass die Daten nicht normalverteilt sind. Trotzdem erfüllt die Stichprobe mit N > 30 die Anforderungen des zentralen Grenzwertsatzes, der besagt, dass die Schätzungen der Kenngrößen bei ausreichend großen Stichproben approximativ normalverteilt sind.[1] Zudem geht aus den Streudiagrammen hervor, dass kein nichtlinearer Zusammenhang zwischen den Variablen vorliegt. Die Voraussetzungen zur Durchführung der Korrelationsanalyse nach Pearson sind somit erfüllt.

Da p-Werte $< 0{,}05 = \alpha$ und die Korrelationskoeffizienten (ρ = Rho) > 0, können die Hypothesen H3.1 – H3.11, dass je höher die Nutzungsintensität von KI in der Marketingabteilung, desto höher die Produktivität, Qualität, Effizienz, Effektivität, Kundenerfahrung, Kundenbindung, Umsatzsteigerung, Kostenreduzierung, Innovationsförderung, Erschließung neuer Märkte und Reaktionsfähigkeit bei einer Irrtumswahrscheinlichkeit von 5 % signifikant bestätigt werden.

In Bezug auf die Korrelationskoeffizienten weisen die Variablen Effizienz ($r = 0{,}805$), Effektivität ($r = 0{,}766$), Innovationsförderung ($r = 0{,}734$), Produktivität ($r = 0{,}702$) und Qualität ($r = 0{,}680$) besonders hohe Korrelationen auf, was darauf hinweist, dass die Nutzung von KI in der Marketingabteilung besonders starke positive Effekte in diesen Bereichen haben könnte. Die Korrelationsanalyse nach Pearson weist die folgenden Werte auf (Tabelle 5.1):

[1] Vgl. Eckstein, P. P. (2019), S. 230.

Tabelle 5.1 Ergebnisse der Korrelationsanalyse nach Pearson. (Quelle: Eigene Abbildung)

		Produktivität	**Qualität**	**Effizienz**	**Effektivität**	**Kundenerfahrung**	**Kundenbindung**
Allgemeine Nutzungsintensität von KI in der Marketinga.	**Pearson-Korrelation**	,702	,680	,805	,766	,420	,424
	Sig. (1-seitig)	<,001	<,001	<,001	<,001	0,005	0,004
	N	37	36	36	36	37	37
		Umsatzsteigerung	**Kostenreduzierung**	**Innovationsförderung**	**Ersch. neuer Märkte**	**Reaktionsfähigkeit**	
Allgemeine Nutzungsintensität von KI in der Marketinga.	**Pearson-Korrelation**	,549	,459	,734	,597	,352	
	Sig. (1-seitig)	<,001	0,002	<,001	<,001	0,015	
	N	36	38	36	38	38	

5.3 Einflussfaktoren auf die Nutzung von KI im Marketing

Die von den Befragten am häufigsten angegebenen Herausforderungen bei der Implementierung oder dem Einsatz von KI im Marketing sind die Fehlerhaftigkeit der künstlichen Intelligenz (60,4 %), Datenschutz (58,3 %), die Qualifikation der Mitarbeiter (47,9 %), die Nachvollziehbarkeit der künstlichen Intelligenz (47,9 %) und die Akzeptanz der Mitarbeiter (41,7 %). Eine detaillierte Übersicht über die von den Teilnehmern angegebenen Herausforderungen ist im elektronischen Zusatzmaterial in Anhang 6.5 aufgeführt. Nur vier Befragte geben an, mit keinen Herausforderungen konfrontiert (gewesen) zu sein. Lediglich einer dieser Befragten gab an, dass KI offiziell/genehmigt in der Marketingabteilung des Unternehmens eingesetzt wird.

In Abhängigkeit der Unternehmensgröße sind die häufigsten genannten Herausforderungen die Fehlerhaftigkeit der KI und der Datenschutz. Mittlere Unternehmen und Großunternehmen sind außerdem häufig mit der Nachvollziehbarkeit konfrontiert. Zusätzlich sind Großunternehmen häufig mit den Herausforderungen der Qualifikation sowie der Akzeptanz der Mitarbeiter und Gesetzen konfrontiert.

Die Frage, wie das Unternehmen in Bezug auf den Einsatz von KI im Marketing bei verschiedenen Variablen aufgestellt ist, wurde auf einer Skala von „1 = Gar nicht" bis „6 = Hervorragend" bewertet. Um eine umfassende Übersicht über die Datenlage zu erhalten, werden Lage- und Streuungsmaße der erhobenen Variablen analysiert. Eine detaillierte Zusammenfassung ist im elektronischen Zusatzmaterial in Anhang 6.5 zu finden.

Die Mittelwerte der Variablen reichen von 2,81 bis 3,98. Insgesamt sind Unternehmen damit im Durchschnitt moderat bis gut aufgestellt. Den höchsten Mittelwert mit 3,98 weist die Akzeptanz der Mitarbeiter gegenüber KI auf, was darauf hinweist, dass Unternehmen hier im Durchschnitt gut aufgestellt sind. Ähnliche Werte liegen beim Bewusstsein über die Fehlerhaftigkeit von KI (3,91) und dem Verständnis über Datenschutz (3,85) vor. Die niedrigsten Mittelwerte weisen das Investitionsbudget (2,81), die Datenqualität im Unternehmen (2,86) und die Nachvollziehbarkeit der KI (3,00) auf. Dies deutet daraufhin, dass Unternehmen bei diesen Variablen im Durchschnitt moderat aufgestellt sind.

Die Mediane der Variablen variieren mit 3 und 4 kaum. Dies deutet darauf hin, dass 50 % der Unternehmen höchstens moderat bis gut aufgestellt sind in Bezug auf die einzelnen Variablen beim Einsatz von KI.

Die Interquartilsabstände variieren stark. Besonders ausgeprägt ist diese Variation beispielsweise beim Verständnis über Ethik (1,25 bis 5,00) und den organisatorischen Voraussetzungen (1,00 bis 5,00). Auffällig ist die Variable „Akzeptanz der Mitarbeiter“. Diese weist einen Interquartilsabstand von 3 bis 6 auf, was darauf hindeutet, dass die mittleren 50 % der Unternehmen eine moderate bis hervorragende Aufstellung hinsichtlich des Einsatzes von KI in diesem Bereich aufweisen. Bei den verbleibenden Variablen zeigt sich ebenfalls eine hohe Variation der Unternehmen in ihrer Aufstellung.

Die Standardabweichungen variieren von 1,440 bei der Datenqualität im Unternehmen bis 1,860 beim Verständnis von Ethik. Diese Spanne verdeutlicht die Heterogenität der Daten innerhalb der untersuchten Merkmale. Eine höhere Standardabweichung weist auf eine größere Streuung der Datenpunkte um den Mittelwert hin, was auf eine breitere Verteilung der Unternehmen in Bezug auf die jeweiligen Aspekte hindeutet.

Für die Durchführung der Regressionsanalyse werden zuerst die Voraussetzungen geprüft. Die durchgeführten Tests sind im elektronischen Zusatzmaterial in Anhang 6.5 dokumentiert. Aus dem Histogramm der Residuen geht hervor, dass die Störgrößen annähernd normalverteilt sind. Die Prüfung der Multikollinearität erfolgt mithilfe der Toleranz und des Variance Inflation Factor (VIF). Als Schwellenwerte für starke Multikollinearität werden eine Toleranz von unter 0,1 und ein VIF-Wert von über 10 angesetzt.[2] Diese Schwellenwerte werden in den Daten nicht erreicht, was darauf hinweist, dass keine starke Multikollinearität vorliegt. Der Residuenplot zeigt kein erkennbares Muster, was darauf hindeutet, dass die Voraussetzungen der Linearität und Homoskedastizität erfüllt sind. Zur Prüfung der Autokorrelation wird der Durbin-Watson-Test genutzt.[3] Da der Wert zwischen 1 und 3 liegt, kann davon ausgegangen werden, dass keine Autokorrelation vorliegt. Mithilfe der „Fallweise Diagnose“ werden die Daten für die Regressionsanalyse auf auffällige Ausreißer geprüft.[4] Der Test zeigt, dass bei einem Grenzwert von zwei Standardabweichungen keine Daten absolut größer sind und somit keine auffälligen Ausreißer in den Daten vorliegen. Die Tests bestätigen, dass die notwendigen Voraussetzungen für die Durchführung der Regressionsanalyse erfüllt sind.

Die Ergebnisse der Regressionsanalyse sind im elektronischen Zusatzmaterial in Anhang 6.5 aufgeführt. Zunächst lässt sich das korrigierte R-Quadrat interpretieren. Insgesamt können 54,9 % der Streuung der allgemeinen Nutzungsintensität von KI in der Marketingabteilung durch die unabhängigen Variablen erklärt werden. Dies deutet auf eine mittlere Anpassung des Modells hin.

---

[2] Vgl. Backhaus, K./ Erichson, B./ Gensler, S./ Weiber, R./ Weiber, T. (2023), S. 124.

[3] Vgl. Walther, B. (2022, Oktober 18).

[4] Vgl. Regorz, A. (2021, August 20).

Mithilfe des F-Tests wird zunächst geprüft, ob mindestens eine der unabhängigen Variablen einen signifikanten Einfluss auf die allgemeine Nutzungsintensität hat. Da der p-Wert = 0,002 < 0,05 hat bei einer Irrtumswahrscheinlichkeit von 5 % mindestens eine Variable einen signifikanten Einfluss auf die allgemeine Nutzungsintensität.

Anschließend wird mithilfe des t-Tests geprüft, welche der einzelnen unabhängigen Variablen einen signifikanten positiven Einfluss auf die allgemeine Nutzungsintensität haben. Der einseitige p-Wert von 0,0095 (< 0,005) und b = 0,706 (> 0) zeigen, dass die Qualifikation der Mitarbeiter bei einer Irrtumswahrscheinlichkeit von 5 % einen signifikant positiven Einfluss auf die allgemeine Nutzungsintensität von KI in der Marketingabteilung hat. Die übrigen unabhängigen Variablen weisen einen p-Wert > 0,05 auf, was darauf hinweist, dass sie bei einer Irrtumswahrscheinlichkeit von 5 % keinen signifikanten Einfluss auf die allgemeine Nutzungsintensität haben. Eine detaillierte Übersicht der Ergebnisse aller Hypothesen ist im elektronischen Zusatzmaterial in Anhang 7 dargestellt. Somit kann lediglich die Hypothese H4.1 „Je höher die Qualifikation der Mitarbeiter im Umgang mit KI ist, desto höher ist die Nutzungsintensität von KI im Marketing." bestätigt werden. Der Regressionskoeffizient gibt eine Aussage darüber, dass, wenn die Qualifikation der Mitarbeiter um eine Einheit steigt, die allgemeine Nutzungsintensität um 0,706 steigt.

Diskussion 6

6.1 Zusammenfassung und Interpretation der Ergebnisse

Im Folgenden werden die theoretischen und empirischen Ergebnisse zusammengefasst und interpretiert. Die Gliederung erfolgt in Bezug auf die Forschungsfragen.

Forschungsfrage 1: In welchen Aufgabenbereichen der Marketingabteilung kann künstliche Intelligenz eingesetzt werden?
Basierend auf den theoretischen Grundlagen wurde ermittelt, dass KI entlang des gesamten Marketingprozesses von der Situationsanalyse bis zum Marketingcontrolling Aufgaben unterstützen oder Aktivitäten automatisieren kann (Abschnitt 2.3.1). Die Ergebnisse der Umfrage bestätigen diese Erkenntnis, indem sie zeigen, dass Unternehmen KI derzeit in allen Phasen des Marketingprozesses einsetzen. Diese Anwendung spiegelt sich auch in den konkreten Marketingaktivitäten wider, bei denen KI unterstützen kann. Die Teilnehmer gaben an, dass KI bereits in allen der genannten Aktivitäten unterschiedlich häufig genutzt wird. Es kann also bestätigt werden, dass KI durch ihre verschiedenen Teilbereiche unterschiedliche Marketingaktivitäten entlang des Marketingprozesses unterstützen kann.

Forschungsfrage 2: Wo und in welchem Umfang wird künstliche Intelligenz gegenwärtig in der Marketingabteilung eingesetzt?
Die Analyse der Umfrageergebnisse zur Anwendung und Nutzung von KI in Marketingabteilungen zeigt ein vielschichtiges Bild der aktuellen Praxis. Insgesamt geben 63,6 % der Befragten an, dass ihr Unternehmen offiziell/genehmigt KI im Marketing einsetzt. Dies spiegelt eine zunehmende Akzeptanz und Integration von

D. Gründel, *Künstliche Intelligenz in der Marketingabteilung*, BestMasters,
https://doi.org/10.1007/978-3-658-50037-5_6

KI-Technologien wider. Dennoch wird in 36,4 % der Unternehmen noch nicht offiziell/genehmigt KI in der Marketingabteilung integriert.

Die branchenspezifische Verteilung zeigt interessante Disparitäten: Während Unternehmen verschiedener zuvor benannter Branchen verbreitet KI nutzen, zeigen Branchen wie bspw. Pharmaindustrie und Gesundheitswesen eine zögerlichere Annahme. Dies könnte unter anderem auf branchenspezifische regulatorische Rahmenbedingungen zurückzuführen sein, die den Einsatz von KI hemmen. Dies ist z. B. im Gesundheitswesen der Fall. Hier müssen spezifische Sicherheitsanforderungen in den eingesetzten Systemen zum Schutz von Informationen erfüllt werden.[1]

Zudem zeigen die Umfrageergebnisse, dass in Großunternehmen und mit zunehmendem Alter des Unternehmens der KI-Einsatz geringer ist. Ein Grund hierfür kann sein, dass ältere und etablierte Unternehmen möglicherweise langsamer in der Adoption neuer Technologien wie KI im Vergleich zu jüngeren oder kleineren Unternehmen sind. Dies kann auf komplexere, bestehende Strukturen und etablierte Prozesse zurückzuführen sein, welche mit zunehmendem Alter und Unternehmensgröße einhergehen.[2]

Unternehmen nutzen KI in allen Phasen des Marketingprozesses, wobei die Nutzung je nach Phase variiert. Besonders häufig kommt KI in der Situationsanalyse, bei den Marketinginstrumenten und der Marketingimplementierung zum Einsatz. Der geringere Einsatz von KI in der strategischen Marketingplanung könnte auf die Komplexität dieser Phase zurückzuführen sein, da sie menschliche Kreativität und strategisches Denken erfordert, die KI noch nicht vollständig ersetzen kann. Dies bestätigt die Ergebnisse in Abschnitt 2.3.1 Allerdings kann KI wie zuvor beschrieben auch in dieser Phase bspw. durch das Formulieren von Handlungsempfehlungen unterstützen.

In Bezug auf die Nutzungsintensität zeigt sich anhand der Mediane, dass etwa die Hälfte der Unternehmen KI entweder gar nicht oder nur selten in den meisten Marketingphasen einsetzt, möglicherweise weil die Technologie erst kürzlich implementiert wurde. Eine Ausnahme bildet die Phase der „Marketingimplementierung – Umsetzung der Marketinginstrumente“, wo eine höhere Nutzungsintensität festzustellen ist. Im Durchschnitt hohe Nutzungsintensitäten konnten bei den Variablen „Marketinginstrumente – Kommunikationspolitik“, „Situationsanalyse – Sammlung und Aufbereitung von Daten“ und „Marketinginstrumente – Produkt- und Programmpolitik“ festgestellt werden. Dies spiegelt sich auch in den konkreten

[1] Vgl. Deutsche Krankenhausgesellschaft (2022, Dezember 8).

[2] Vgl. Dlouhy, N. (2020, Februar 24).

Anwendungsmöglichkeiten wider, die am häufigsten durch KI unterstützt werden. Dies könnte darauf hinweisen, dass KI dort intensiver eingesetzt wird, wo direkte Vorteile und eine einfache Integration möglich sind, wie bspw. bei der Erstellung von Werbetexten mit ChatGPT[3]. Die geringe Nutzungsintensität von KI, selbst in den im Vergleich häufiger genutzten Phasen, kann auf die mit der Implementierung und dem Einsatz von KI verbundenen Herausforderungen oder die mangelhafte Integration in die Prozesse zurückzuführen sein.

Die Streuung der Umfrageergebnisse legt nahe, dass einige Unternehmen KI bereits intensiver in verschiedenen Phasen des Marketingprozesses nutzen. Dies deutet darauf hin, dass eine intensivere Nutzung möglich ist und möglicherweise von verschiedenen Faktoren abhängt, wie zum Beispiel dem Umgang mit Herausforderungen oder der Integration in die Prozesse. Die Untersuchung der Herausforderungen wird nachfolgend aufgeführt.

Die allgemeine Nutzungsintensität fällt höher aus als die der einzelnen Phasen. Dies könnte auf Unterschiede in der Wahrnehmung zurückzuführen sein, sodass die allgemeine Nutzungsintensität positiver wahrgenommen wird als bei der Betrachtung der einzelnen Phasen. Außerdem ist es möglich, dass die Teilnehmer bei der Bewertung der allgemeinen Nutzungsintensität lediglich die Phasen des Marketingprozesses einbeziehen, in denen ihre Marketingabteilung KI nutzt. Die Unterschiede in der allgemeinen Nutzungsintensität in Abhängigkeit der Unternehmensgröße können als eher gering bewertet werden und können auf verschiedene Faktoren wie bspw. unterschiedliche Ressourcenverfügbarkeit, technische Infrastruktur und strategische Prioritäten zurückgeführt werden. Es kann angenommen werden, dass Kleinstunternehmen über geringere Ressourcen (z. B. Budget, Personal) verfügen, während Großunternehmen eher mit komplexeren Prozessen konfrontiert sind, weshalb die allgemeine Nutzungsintensität in diesen Unternehmen geringer ausfällt.

Die persönliche KI-Nutzung der Befragten weicht vom offiziellen/genehmigten Einsatz von KI in ihren Marketingabteilungen ab. Während 63,6 % der Unternehmen angeben, KI offiziell/genehmigt zu nutzen, berichten 67,6 % der Teilnehmer, dass sie KI verwenden. Diese Diskrepanz deutet darauf hin, dass Mitarbeiter KI auch ohne formale Genehmigung einsetzen. Zudem ist die persönliche Nutzungsintensität der Teilnehmer höher als die der Marketingabteilung insgesamt. Ein Grund hierfür kann sein, dass einzelne Mitarbeiter KI intensiver nutzen als die Abteilung, was möglicherweise auf individuelle Initiativen zur Effizienzsteigerung oder zur

[3] ChatGPT = Ein KI-basierter Chatbot, der Texte generieren und auf Fragen antworten kann. Es gibt sowohl eine kostenlose als auch eine kostenpflichtige Version.

Bewältigung spezifischer Aufgaben zurückzuführen ist. Zusätzlich besteht die Möglichkeit, dass Mitarbeiter die KI-Richtlinien als einschränkend ansehen.[4] Zudem zeigen die Ergebnisse, dass die Zufriedenheit der Teilnehmer mit der Integration von KI stark von Faktoren wie der adäquaten Bereitstellung von Ressourcen, der effektiven Nutzung der Potenziale von KI sowie dem Auftreten von Problemen oder Risiken beeinflusst wird.

Zusammenfassend wird KI offiziell/genehmigt von 63,6 % der Unternehmen im Marketing eingesetzt. Der Einsatz variiert je nach Branche. Großunternehmen und ältere Unternehmen nutzen KI zudem seltener im Marketing. KI wird in allen Phasen des Marketingprozesses von Unternehmen genutzt, jedoch unterschiedlich intensiv, mit einer stärkeren Nutzung in der Situationsanalyse und Marketingimplementierung. Zudem ist die durchschnittliche Nutzungsintensität eher niedrig. Die persönliche Nutzung von KI durch die Befragten übersteigt den offiziellen/genehmigten KI-Einsatz.

Forschungsfrage 3: Inwieweit führt der Einsatz von künstlicher Intelligenz in der Marketingabteilung zu Verbesserungen?
Basierend auf den theoretischen Grundlagen konnten in Abschnitt 2.3.2 Potenziale identifiziert werden, die durch den Einsatz von KI realisiert werden können. Im Rahmen der Umfrage konnte festgestellt werden, dass zwischen der Nutzungsintensität und den identifizierten möglichen Potenzialen ein signifikant positiver Zusammenhang besteht. Es wurde bestätigt, dass die Potenziale mit dem Einsatz von KI in der Marketingabteilung erreicht werden können und eine höhere Nutzungsintensität zu höheren Verbesserungen führt. Insbesondere zwischen der Effizienzsteigerung, Effektivitätssteigerung, Innovationsförderung, Produktivitätssteigerung und Qualitätssteigerung konnte ein starker positiver Zusammenhang identifiziert werden. Dies deutet darauf hin, dass die Nutzungsintensität einen starken Einfluss auf diese Bereiche hat.

Alle identifizierten Potenziale werden durch die Teilnehmer wahrgenommen. Die Streuung der Umfrageergebnisse verdeutlicht jedoch, dass Verbesserungen unterschiedlich stark ausgeprägt sind. In den Bereichen „Erschließung neuer Märkte", „Kundenbindung", „Umsatzsteigerung" und „Kundenerfahrung" werden Verbesserungen allgemein geringer wahrgenommen. Ein Grund hierfür kann sein, dass KI möglicherweise nicht ausreichend intensiv eingesetzt wird, was sich durch die bereits aufgeführte eher geringe Nutzungsintensität bestätigen lassen würde. Zudem

[4] Vgl. Abschnitt 2.3.2

zeigt sich bei diesen Potenzialen ein niedrigerer Korrelationskoeffizient, was auf weniger direkte Auswirkungen hinweist. Beispielsweise könnte die Nutzung von KI in der Phase der Marketingimplementierung geringere Auswirkungen auf die Erschließung neuer Märkte haben, wenn eine gegebene Strategie mit Fokus auf eine bestimmte Kundengruppe gesetzt ist. Auch kann dies auf noch nicht vollständig ausgereifte KI-Anwendungen zurückzuführen sein.

Zudem haben die Befragten „Geschwindigkeit" und „Außenwirkung" als weitere Verbesserungen durch den Einsatz von KI benannt. „Geschwindigkeit" stellt ein eigenständiges Potenzial dar, das durch den Einsatz von KI im Marketing realisiert werden kann, beispielsweise durch automatisierte Prozesse. Es ist jedoch anzumerken, dass Geschwindigkeit sich teilweise auch in anderen identifizierten Potenzialen wie der Reaktionsfähigkeit widerspiegelt. Die Verbesserung „Außenwirkung" wurde in Bezug auf die positive Wirkung des KI-Einsatzes auf den Arbeitsmarkt benannt. Jedoch kann unterstellt werden, dass die Einstellung anderer Stakeholder ebenfalls beeinflusst werden kann. Beispielsweise könnte das Unternehmen durch den KI-Einsatz im Marketing aus Kundensicht innovativer und moderner wirken. Es kann allerdings nicht ausgeschlossen werden, dass der Einsatz von KI auch negative Außenwirkungen haben kann, beispielsweise wenn Kunden sich gegen den Einsatz aussprechen. Aus einer Studie aus dem Jahre 2023 geht hervor, dass die Einstellung von Kunden in Bezug auf KI gemischt ist. 24,1 % haben eine eher negative Einstellung zu KI, 31,4 % eine neutrale und 44,6 % eine eher positive Einstellung.[5] Die Außenwirkung des KI-Einsatzes sollte daher in zukünftigen Forschungen näher untersucht werden. Das Potenzial „Geschwindigkeit" ergänzt die bereits identifizierten Potenziale. Es sollte in zukünftigen Forschungen ebenfalls untersucht werden, wie Unternehmen die Verbesserungen wahrnehmen und welcher Zusammenhang bezüglich der Nutzungsintensität besteht.

Der Einsatz von KI im Marketing führt in Unternehmen aktuell in allen identifizierten Bereichen zu Verbesserungen. Eine höhere Nutzungsintensität führt dabei zu stärkeren Verbesserungen, wobei die Stärke der Verbesserungen variiert. Zudem werden Geschwindigkeit und Außenwirkung als weitere Vorteile genannt. Letztere könnte sowohl positive als auch negative Kundenreaktionen hervorrufen.

Forschungsfrage 4: Welche Faktoren beeinflussen die Nutzung von künstlicher Intelligenz in der Marketingabteilung?

Auf Basis der Literaturrecherche konnten verschiedene Herausforderungen (Abschnitt 2.3.2) identifiziert werden, mit denen Unternehmen bei der Implementierung und dem Einsatz von KI in der Marketingabteilung konfrontiert werden

[5] Vgl. CENTOURIS (2023), S. 7.

können. Die Umfrageergebnisse zeigen, dass Unternehmen auch in der Praxis mit diesen Herausforderungen konfrontiert sind. Es gibt jedoch auch Unternehmen, die keine Herausforderungen erleben. Dies kann darauf zurückzuführen sein, dass sie sich noch nicht mit einem (umfassenden) Einsatz beschäftigt haben oder bereits gut hinsichtlich der relevanten Faktoren aufgestellt sind. Die erste Annahme basiert auf den Ergebnissen, dass in den Unternehmen von drei der Befragten, die keine Herausforderungen angegeben haben, KI noch nicht offiziell/genehmigt in der Marketingabteilung genutzt wird.

Am häufigsten geben die Teilnehmer an, dass ihr Unternehmen bei der Implementierung und dem Einsatz von KI in der Marketingabteilung mit der Fehlerhaftigkeit der künstlichen Intelligenz, dem Datenschutz, der Qualifikation der Mitarbeiter, Nachvollziehbarkeit der künstlichen Intelligenz und Akzeptanz der Mitarbeiter konfrontiert sind. Insbesondere Befragte, die in Großunternehmen tätig sind, geben häufiger an, dass ihr Unternehmen mit der Akzeptanz und Qualifikation der Mitarbeiter konfrontiert sind. Dies könnte auf die größere Anzahl und Diversität der Mitarbeiter sowie die Herausforderung zurückzuführen sein, jeden Mitarbeiter entsprechend zu qualifizieren.

Die Umfrageergebnisse zeigen, dass Unternehmen unterschiedlich aufgestellt sind. Im Durchschnitt sind Unternehmen hinsichtlich der Herausforderungen moderat bis gut aufgestellt. Positiv hervorzuheben ist die gute Aufstellung der Unternehmen bei der Akzeptanz der Mitarbeiter gegenüber KI. Dies zeigt, dass Mitarbeiter in den meisten Unternehmen bereit sind, KI-Technologien anzunehmen und in ihren Arbeitsalltag zu integrieren. Ein weiteres positives Ergebnis ist das hohe Bewusstsein über die Fehlerhaftigkeit von KI. Dies deutet darauf hin, dass die Unternehmen sich der potenziellen Fehlerquellen und Risiken bewusst sind und diese in ihrer Planung sowie Maßnahmen berücksichtigen. Auch das Verständnis über Datenschutz ist bei den Unternehmen gut ausgeprägt, was darauf hinweist, dass die Unternehmen die gesetzlichen Anforderungen im Umgang mit KI verstehen und beachten. Trotz der positiven Aufstellung der Unternehmen fällt die Nutzungsintensität im Vergleich gering aus. Ein möglicher Grund hierfür könnte sein, dass viele Unternehmen sich noch am Anfang der KI-Integration befinden. Zudem könnte der Einsatz von KI möglicherweise noch nicht ausreichend auf die spezifischen Marketingaktivitäten abgestimmt oder die Qualifizierung der Mitarbeiter noch nicht auf dem erforderlichen Niveau sein.

Im Gegensatz dazu fallen die Ergebnisse bezüglich des Investitionsbudgets, der Datenqualität im Unternehmen und der Nachvollziehbarkeit der KI weniger positiv aus. Ein begrenztes Budget schränkt die Fähigkeit ein, neue KI-Technologien effektiv zu implementieren. Schlechte Datenqualität beeinträchtigt die Nutzung von KI, da hochwertige Daten essenziell für die Funktion der KI sind. Zudem erschwert mangelnde Nachvollziehbarkeit die Transparenz der KI-Entscheidungsprozesse, was das Vertrauen der Kunden beeinträchtigen kann.[6]

Die Ergebnisse der Regressionsanalyse zeigen, dass die Qualifikation der Mitarbeiter einen signifikanten Einfluss auf die allgemeine Nutzungsintensität von KI in der Marketingabteilung hat. Dies deutet darauf hin, dass Unternehmen, deren Mitarbeiter besser im Umgang mit KI qualifiziert sind, diese intensiver im Marketing einsetzen. Andere untersuchte Faktoren, wie beispielsweise das Investitionsbudget oder die Datenqualität im Unternehmen, zeigen keinen signifikanten Einfluss auf die Nutzungsintensität von KI. Somit scheint die Qualifikation der Mitarbeiter ein entscheidender Faktor zu sein, der die Adoption und Nutzung von KI in der Praxis maßgeblich beeinflusst.

Die in der Regressionsanalyse untersuchten unabhängigen Variablen erklären zusammen 54,9 % der Streuung der Nutzungsintensität von KI im Marketing. Diese Ergebnisse legen nahe, dass die Nutzung von KI in der Praxis von verschiedenen Faktoren abhängt, die nicht allein durch die untersuchten Variablen erklärt werden können. Dies deutet darauf hin, dass die Gründe für die Intensität der KI-Nutzung in Marketingabteilungen komplexer sind und diese von einer Vielzahl interner und externer Faktoren beeinflusst wird, die über die untersuchten Variablen hinausgehen.

Unternehmen sind mit allen aufgeführten Herausforderungen beim Einsatz von KI im Marketing konfrontiert. Die Regressionsanalyse zeigt, dass die Qualifikation der Mitarbeiter einen signifikanten Einfluss auf die Nutzungsintensität von KI im Marketing hat, während andere Faktoren keinen signifikanten Einfluss aufweisen. Zudem verdeutlicht die Analyse, dass weitere, nicht berücksichtigte Faktoren die Nutzungsintensität beeinflussen könnten.

Die Tabelle 6.1 vergleicht die theoretischen Grundlagen mit den empirischen Forschungsergebnissen zum Einsatz von KI im Marketing.

[6] Vgl. Abschnitt 2.3.2

Tabelle 6.1 Übersicht der theoretischen und empirischen Ergebnisse zum KI-Einsatz im Marketing. (Quelle: Eigene Abbildung)

	Theoretische Grundlagen	Empirische Forschung (Status quo)
Einsatz von KI in der Marketingabteilung	– Situationsanalyse – Marketingziele – Marketingstrategie – Marketinginstrumente – Marketingimplementierung – Marketingcontrolling	– 63,6 % der Unternehmen setzen offiziell/genehmigt KI im Marketing ein – aktuell in allen Phasen genutzt – häufiger Einsatz: Situationsanalyse, Marketinginstrumenten, -implementierung – unternehmensspezifische Unterschiede (Branche, Größe, Alter) – Nutzungsintensität variiert, durchschnittlich seltene bis gelegentlich in den Phasen
Potenziale durch den Einsatz von KI	– Produktivitätssteigerung – Qualitätssteigerung – Effektivitätssteigerung – Effizienzsteigerung – Bessere Kundenerfahrung – Bessere Kundenbindung – Umsatzsteigerung – Kostenreduzierung – Innovationsförderung – Erschließung von neuen Märkten – Bessere Reaktionsfähigkeit	– alle identifizierten Potenziale werden wahrgenommen – signifikant positiver Zusammenhang zwischen Nutzungsintensität und Verbesserungen – starker positiver Zusammenhang: Effizienzsteigerung, Effektivitätssteigerung, Innovationsförderung, Produktivitätssteigerung, Qualitätssteigerung – Ergänzung „Geschwindigkeit" und „Außenwirkung"

(Fortsetzung)

Tabelle 6.1 (Fortsetzung)

	Theoretische Grundlagen	Empirische Forschung (Status quo)
Herausforderungen durch den Einsatz von KI	– Qualifikation der Mitarbeiter – Akzeptanz der Mitarbeiter – Datenqualität im Unternehmen – Fehlerhaftigkeit von KI – Datenschutz – Gesetze – Ethik – Nachvollziehbarkeit der KI – Technische Anforderungen – Organisatorische Anforderungen – Kosten – Nichteinhalten von KI-Richtlinien	– alle identifizierten Herausforderungen existieren in der Praxis – einzelne Unternehmen sind nicht mit Herausforderungen konfrontiert – häufigste Herausforderungen: Fehlerhaftigkeit der KI, Datenschutz, Qualifikation der Mitarbeiter, Nachvollziehbarkeit der KI, Akzeptanz der Mitarbeiter – Unternehmen durchschnittlich moderat bis gut aufgestellt – Qualifikation der Mitarbeiter hat signifikanten positiven Einfluss auf allgemeine Nutzungsintensität von KI – weitere Faktoren relevant

Auf Basis der Ergebnisse werden im folgenden Kapitel Handlungsempfehlungen für Unternehmen bezüglich des Einsatzes von KI im Marketing formuliert.

6.2 Handlungsempfehlungen

6.2.1 Implementierung und Einsatz von KI in der Marketingabteilung

Die Ergebnisse der Studie zeigen, dass der Einsatz von KI in der Marketingabteilung ein breites Spektrum an Potenzialen bietet. Unternehmen, die KI bereits integriert haben, berichten von Verbesserungen in Effizienz, Effektivität, Innovationsförderung etc. Diese positiven Auswirkungen können Unternehmen helfen, wettbewerbsfähig zu bleiben oder sogar einen Wettbewerbsvorteil zu erlangen, indem sie schneller auf Marktveränderungen reagieren, personalisierte Kundenansprache in Kampagnen einführen, Innovationen fördern und Ressourcen effizienter nutzen. Ein Beispiel für den erfolgreichen Einsatz von KI ist die Nutzung von Chatbots im Kundenservice, die die Kundenzufriedenheit steigern und die Reaktionszeit verkürzen.

In Anbetracht der zunehmenden Verbreitung des Einsatzes von KI im Marketing und der damit einhergehenden Potenziale könnte sich die Dynamik der Märkte erhöhen. Der Einsatz von KI könnte dabei helfen, mit dieser Dynamik Schritt zu halten und diese aktiv mitzugestalten, indem bspw. die Innovationsförderung und Reaktionsfähigkeit des Unternehmens verbessert werden. Das unterstreicht die Relevanz von KI als Schlüsselfaktor für die Zukunftsfähigkeit von Unternehmen.

Basierend auf diesen Ergebnissen sollten Unternehmen, die KI noch nicht in ihrem Marketingprozess implementiert haben, in Betracht ziehen, diese Technologie zu integrieren. Unternehmen, die zögern, könnten Gefahr laufen, in einem sich schnell entwickelnden Marktumfeld den Anschluss zu verlieren. Die Implementierung von KI bietet daher die Chance, sich frühzeitig als Innovator zu positionieren und strategische Wettbewerbsvorteile nachhaltig zu sichern.

6.2.2 Prüfung des KI-Einsatzes entlang des Marketingprozesses

Die Auswertung verdeutlicht, dass der Einsatz von KI entlang des gesamten Marketingprozesses möglich ist und sich nicht lediglich auf die Erstellung von Texten oder Bildern beschränkt. Allerdings ist die Integration von KI in die Phasen des Marketingprozesses derzeit uneinheitlich. Somit schöpfen Unternehmen die Potenziale, wie die Steigerung der Produktivität und des Umsatzes, noch nicht vollständig aus. Um dem entgegenzuwirken und Potenziale vollständig zu realisieren, werden die folgenden Empfehlungen formuliert.

Es sollte eine umfassende Analyse der Prozesse entlang des Marketingprozesses durchgeführt werden, um gezielt Bereiche zu identifizieren, in denen KI einen Mehrwert schaffen kann. Von der Situationsanalyse bis zum Marketingcontrolling sollten alle Phasen berücksichtigt werden. Ziel ist es, spezifische Abläufe und Prozesse zu identifizieren, die durch den Einsatz von KI optimiert werden können. Aus der Analyse geht zudem hervor, dass Unternehmen aktuell eine hohe Nutzungsintensität in Bereichen der „Situationsanalyse", „Marketinginstrumente" und „Marketingimplementierung" aufweisen. Da davon auszugehen ist, dass dies auf eine einfachere Integration und direkte operative Vorteile zurückzuführen ist, empfiehlt es sich zunächst bei Aktivitäten in diesen Phasen den Einsatz von KI zu prüfen. Zum Beispiel kann KI automatisch mit Kunden interagieren, Preise auf Basis von Nutzerdaten anpassen oder personalisierte Inhalte und Angebote bereitstellen. Ein weiteres Beispiel ist die Anwendung von KI in der Situationsanalyse, um Markttrends und Kundenpräferenzen durch die Analyse großer

Datenmengen zu erkennen. Dies ermöglicht es Unternehmen, proaktive Entscheidungen zu treffen und ihre Marketingstrategien entsprechend anzupassen. Weitere Anwendungsbeispiele von KI im Marketing können Abschnitt 2.3.1 entnommen werden.

Darüber hinaus ist die Evaluierung bestehender Maßnahmen auf ihre Eignung für den Einsatz von KI entscheidend. Unternehmen sollten vorhandene Daten und Erfahrungen nutzen, um zu beurteilen, wie KI in bestehende Aktivitäten integriert werden kann, um zusätzlichen Mehrwert zu schaffen. Beispielsweise können hierzu Partnerunternehmen einbezogen werden, die KI bereits implementiert haben.

Angesichts der Komplexität dieser Analysen und der erforderlichen Expertise bei der KI-Integration könnte externe Unterstützung wertvoll sein. Zum Beispiel kann ein spezialisiertes Beratungsunternehmen einem Einzelhändler helfen, ein auf das Unternehmen zugeschnittenes KI-gestütztes Personalisierungssystem zu implementieren, das auf den spezifischen Kaufgewohnheiten und Kundeninteraktionen basiert. Solche spezialisierten Partner können die Implementierung von KI effizienter und effektiver gestalten. Es ist wichtig zu beachten, dass Unternehmen individuelle Prozesse und Aktivitäten in den verschiedenen Phasen des Marketingprozesses aufweisen, was sich in der unterschiedlichen Nutzung und Intensität von KI in den Marketingphasen zeigt. Daher ist es empfehlenswert, spezifisch zu prüfen, ob der Einsatz von KI in den individuellen Abläufen sinnvoll und zielführend ist.

6.2.3 Schulung und Qualifizierung der Mitarbeiter im Umgang mit KI

Die Ergebnisse der Umfrage belegen die zentrale Rolle der Mitarbeiterqualifikation für eine hohe Nutzungsintensität von KI in der Marketingabteilung. Unternehmen, die KI bereits erfolgreich integriert haben, profitieren von verbesserter Effizienz, Effektivität, gesteigerter Innovationsfähigkeit etc. Diese Vorteile stehen in direktem Zusammenhang mit der Fähigkeit der Mitarbeiter, KI-Technologien effektiv zu nutzen. Ein tiefes Verständnis von KI ermöglicht es den Mitarbeitern, diese gezielt zur Lösung spezifischer Aufgaben einzusetzen, potenzielle Fehler frühzeitig zu erkennen und zusätzliche Aktivitäten zu identifizieren, bei denen KI ebenfalls unterstützen kann.

Basierend auf diesen Erkenntnissen wird empfohlen, umfassende Schulungs- und Qualifizierungsprogramme für Mitarbeiter einzuführen. Diese sollten technische Kenntnisse zur Handhabung von KI sowie ein tiefgehendes Verständnis für strategische Möglichkeiten und Herausforderungen vermitteln. Solche Schulungen befähigen Mitarbeiter, KI effizient zu nutzen und innovative Anwendungsmöglichkeiten zu entwickeln, was die Nutzungsintensität erhöhen kann. Ein Beispiel ist eine Schulung zur effektiven Nutzung eines KI-gestützten Systems zur Personalisierung von Angeboten, was zu einer Verbesserung der Kundenansprache und Umsatzsteigerung führen kann. Um die Effektivität der Schulungen zu bewerten, können Wissensabfragen vor und nach der Schulung sowie ca. zwei Wochen später durchgeführt werden.

Darüber hinaus sollten die Schulungen kontinuierlich aktualisiert und erweitert werden, um mit den raschen Fortschritten in der KI-Technologie Schritt zu halten. Dies gewährleistet, dass die Mitarbeiter immer über aktuelles Wissen und die erforderlichen Fähigkeiten verfügen, um die Potenziale von KI voll auszuschöpfen. Ein weiterer Ansatz ist bspw. die Benennung eines KI-Hauptansprechpartners im Unternehmen, der sich intensiv mit KI-Technologien auseinandersetzt. Diese Person könnte nicht nur Schulungen leiten und den Wissenstransfer sicherstellen, sondern auch die kontinuierliche Weiterentwicklung und Integration von KI im Marketing vorantreiben.

Durch gezielte Qualifizierungsmaßnahmen für die Mitarbeiter kann die Nutzungsintensität von KI in der Marketingabteilung erhöht werden. Infolgedessen werden, wie aus den Ergebnissen hervorgeht, die Verbesserungen gesteigert.

6.2.4 Erhöhung der Nutzungsintensität von KI in der Marketingabteilung

Die Auswertung der Ergebnisse unterstreicht klar den positiven Zusammenhang zwischen der Nutzungsintensität von KI in der Marketingabteilung und den wahrgenommenen Verbesserungen. Diese Verbesserungen basieren auf den identifizierten Potenzialen (siehe Abschnitt 2.3.2), die mit dem Einsatz von KI in der Marketingabteilung erschlossen werden können. Basierend auf diesen Erkenntnissen ist es empfehlenswert, die Nutzungsintensität von KI gezielt zu erhöhen, um die Potenziale optimal zu nutzen und somit die Verbesserungen zu maximieren.

Um dies zu erreichen, wird empfohlen, dass Unternehmen die Aktivitäten, die bereits durch KI unterstützt werden, auf Verbesserungspotenziale überprüfen und gegebenenfalls anpassen. Dabei sollten insbesondere Bereiche mit geringer Nutzungsintensität priorisiert werden. Hierbei ist es wichtig, die Ursachen der geringen Nutzungsintensität zu analysieren und gezielte Maßnahmen zur Steigerung der Nutzung zu entwickeln sowie umzusetzen. Bereiche mit geringer

Nutzung können durch Nutzungshäufigkeitsanalysen und Mitarbeiterbefragungen identifiziert werden.

Eine weitere Maßnahme könnte die Implementierung von Pilotprojekten in einzelnen priorisierten Anwendungsbereichen sein, um zunächst die Wirksamkeit von KI-Technologien zu testen und zu bewerten. Erfolgreiche Pilotprojekte können als Best-Practice-Beispiele dienen und die Grundlage für eine breitere Implementierung bilden. Durch diese Pilotprojekte können wertvolle Erfahrungen gesammelt werden.

Die persönliche KI-Nutzungsintensität von Mitarbeitern ist höher als die allgemeine Nutzung in Marketingabteilungen. Daher sollten Mitarbeiter aktiv in die Entwicklung und Implementierung von KI-Projekten einbezogen werden, um wertvolle Ideen und Erfahrungen zu erhalten. Dadurch werden die Akzeptanz gegenüber der Technologie und die Innovationskraft im Unternehmen gestärkt.

Zusätzlich sollte eine langfristige Strategie zur Integration von KI in die Marketingprozesse entwickelt werden. Diese Strategie sollte klare Ziele, Meilensteine und einen detaillierten Plan zur Integration enthalten. Sie ermöglicht eine strukturierte Umsetzung, reduziert das Risiko von Fehlanpassungen und erlaubt eine kontinuierliche Überwachung des Fortschritts.

Eine weitere Maßnahme zur Erhöhung der Nutzungsintensität von KI kann die Entwicklung und Bereitstellung eines Handbuches für die Nutzung der Technologie sein. Das Handbuch sollte konkrete Anleitungen, praxisnahe Beispiele und Best Practices enthalten, wie KI die täglichen Aufgaben in der Marketingabteilung unterstützen kann. Dies hilft den Mitarbeitern, die Möglichkeiten von KI besser zu verstehen und effektiv in ihren Arbeitsalltag zu integrieren.

Durch die Umsetzung dieser Maßnahmen kann die Nutzungsintensität von KI in der Marketingabteilung erhöht werden, was zu einer optimalen Nutzung der Potenziale und zu erheblichen Verbesserungen führen kann.

6.2.5 Anpassung von KI-Strategien an branchenspezifische Anforderungen

Die Umfrageergebnisse zeigen, dass die Nutzung von KI in verschiedenen Branchen unterschiedlich stark ausgeprägt ist. Besonders die Branche „Pharmaindustrie und Gesundheitswesen" zeigt eine zögerliche Annahme von KI, was auf branchenspezifische regulatorische Rahmenbedingungen zurückzuführen sein könnte. Es wird daher empfohlen, dass Unternehmen branchenspezifische Strategien entwickeln, um die besonderen Anforderungen in diesen Bereichen zu adressieren und KI im Marketingprozess implementieren zu können. Hierbei können die folgenden Maßnahmen helfen.

Um branchenspezifische Anforderungen zu erfüllen, sollten Unternehmen in stark regulierten Sektoren wie der Pharmaindustrie und dem Gesundheitswesen die geltenden Vorschriften sorgfältig einhalten. Checklisten können dabei helfen, gesetzliche Anforderungen zu überwachen. Eine enge Zusammenarbeit mit Regulierungsbehörden und die Einbeziehung von Branchenexperten sowie Fachverbänden stellen sicher, dass KI-Technologien den Vorschriften entsprechen und aktuelle Best Practices berücksichtigt werden. Regelmäßige Audits überprüfen die Übereinstimmung der KI-Nutzung mit den Anforderungen.

In Branchen, in denen der Schutz sensibler Daten von großer Bedeutung ist, können Unternehmen beispielsweise besondere Sicherheits- und Datenschutzmaßnahmen implementieren. Darüber hinaus sollten Unternehmen transparente Datenschutzrichtlinien entwickeln und ihre Mitarbeiter regelmäßig in Bezug auf Datenschutzbestimmungen und Sicherheitspraktiken schulen.

Zudem können KI-Anwendungen gezielt an die spezifischen Bedürfnisse und Herausforderungen ihrer Branche angepasst werden. Dies kann die Entwicklung maßgeschneiderter KI-Modelle und -Algorithmen umfassen, die den besonderen Anforderungen der Branche wie z. B. den Sicherheitsanforderungen zum Datenschutz gerecht werden. Im Gesundheitswesen könnte ein KI-System zur Personalisierung von Marketingkampagnen implementiert werden, das sicherstellt, dass personenbezogene Daten anonymisiert und entsprechend den Anforderungen verarbeitet werden.

6.2.6 Bewältigung von Herausforderungen bei der KI-Implementierung im Marketing

Die Ergebnisse verdeutlichen, dass Unternehmen beim Einsatz oder der Implementierung von KI im Marketing mit verschiedenen Herausforderungen konfrontiert werden. Diese müssen individuell bewertet und bewältigt werden, um die Integration von KI erfolgreich voranzutreiben. Die am häufigsten genannten Herausforderungen sind die Fehlerhaftigkeit der künstlichen Intelligenz, der Datenschutz, die Qualifikation der Mitarbeiter, die Nachvollziehbarkeit der künstlichen Intelligenz und die Akzeptanz der Mitarbeiter.

Die Relevanz der Qualifizierung von Mitarbeitern sowie die Möglichkeiten der Qualifizierung wurden bereits ausführlich thematisiert. Um die Akzeptanz der Mitarbeiter zu fördern, sollten Unternehmen offene Kommunikationskanäle schaffen und regelmäßig Informationsveranstaltungen durchführen. Diese

Veranstaltungen können dazu beitragen, den Nutzen und die Funktionsweise der KI-Systeme transparent zu machen und Ängste abzubauen. Hinsichtlich des Datenschutzes sollten Unternehmen transparente Richtlinien entwickeln und regelmäßig überprüfen, ob diese den gesetzlichen Anforderungen entsprechen. Eine gründliche Auseinandersetzung mit Datenschutzgesetzen ist essenziell, um das Verständnis für die rechtlichen Anforderungen zu stärken.

Der Fehlerhaftigkeit von KI kann durch kontinuierliche Tests und Validierungen der Technologie entgegengetreten werden. Die Tests sollten die Genauigkeit und Zuverlässigkeit der KI-Anwendungen sicherstellen.[7] Die Nachvollziehbarkeit kann durch den Einsatz speziell entwickelter Software verbessert werden, die die Abläufe und Ergebnisse der KI transparent macht.[8]

Zusätzlich zur Bewältigung dieser spezifischen Herausforderungen zeigt die Analyse, dass die Nutzungsintensität von KI auch durch andere interne und/oder externe Faktoren beeinflusst wird. Daher sollten Unternehmen gezielte Analysen und Befragungen von Stakeholdern, wie Mitarbeitern oder Kunden, durchführen, um ein umfassendes Bild der aktuellen Situation zu erhalten. Diese Analysen ermöglichen es, individuelle Einflussfaktoren zu identifizieren und gezielte Strategien sowie Maßnahmen zu entwickeln, um das Potenzial von KI in der Marketingabteilung vollständig auszuschöpfen.

6.2.7 Kontinuierliche Überwachung und Anpassung des KI-Einsatzes im Marketing

Die Analyse zeigt, dass die Nutzung von KI in Marketingprozessen von einer Vielzahl interner und/oder externer Faktoren abhängt. Diese sollten fortlaufend überwacht und auf Veränderungen überprüft werden, um langfristig den Erfolg des KI-Einsatzes zu gewährleisten. Es wird Unternehmen daher empfohlen, eine Strategie der fortlaufenden Überwachung und Anpassung ihres KI-Einsatzes zu implementieren.

Ein zentraler Bestandteil dieser Strategie sollte die regelmäßige Evaluierung technologischer Entwicklungen sein. Da sich KI-Technologien schnell weiterentwickeln, sollten Unternehmen stets auf dem neuesten Stand bleiben und prüfen, ob neue Technologien oder verbesserte Algorithmen geeignet sind, um bestehende Anwendungen zu optimieren oder neue Einsatzmöglichkeiten zu erschließen. Beispielsweise könnte ein Unternehmen, das KI für personalisierte Werbung einsetzt,

---

[7] Vgl. Trinkwalder, A. (2023, September 8).

[8] Vgl. Voit, M. (2024, April 3).

regelmäßig prüfen, ob neue Algorithmen zur Verbesserung der Personalisierung und Zielgruppenansprache verfügbar sind.

Zudem wird empfohlen, Feedback und Evaluationsdaten (z. B. Nutzungsstatistiken) zu berücksichtigen. Rückmeldungen von Mitarbeitern und Kunden über die Nutzungserfahrungen mit KI-Systemen sollten systematisch gesammelt und ausgewertet werden. Dies ermöglicht es Unternehmen, Schwachstellen zu identifizieren, die Benutzerfreundlichkeit zu verbessern und die Effizienz der KI-Anwendungen kontinuierlich zu steigern. Ein Beispiel ist, regelmäßige Umfragen unter den Mitarbeitern durchzuführen, die die Nutzung der KI-gestützten Aktivitäten bewerten und Verbesserungsvorschläge liefern.

Des Weiteren können neue Gesetze und Vorgaben zum Einsatz von KI in Kraft treten oder bestehende überarbeitet werden. Daher ist es entscheidend, diese Entwicklungen kontinuierlich zu verfolgen und gegebenenfalls Anpassungen im Einsatz von KI in der Marketingabteilung vorzunehmen. Die fortlaufende Überprüfung von Gesetzen und Vorgaben sowie die Sicherstellung ethischer Standards im Umgang mit KI gewährleisten nicht nur die rechtliche Sicherheit, sondern stärken auch das Vertrauen der Stakeholder.

Wie zuvor beschrieben, spielt die Qualifikation der Mitarbeiter eine entscheidende Rolle. Kontinuierliche Schulungs- und Weiterbildungsmaßnahmen sind notwendig, um sicherzustellen, dass die Mitarbeiter über das erforderliche Wissen und die Fähigkeiten verfügen, um KI effektiv einzusetzen, ihre Potenziale optimal zu nutzen und die Nutzungsintensität zu erhalten. Ein Beispiel wäre die regelmäßige Durchführung von Workshops und Schulungen zur Einführung neuer KI-Technologien oder zur Auffrischung der Kenntnisse über bestehende Systeme.

Zusammenfassend ist eine Strategie der fortlaufenden Überwachung und Anpassung wichtig, um die Nutzung von KI in Marketingabteilungen kontinuierlich zu erhalten sowie zu verbessern, rechtlichen Vorgaben zu entsprechen und den maximalen Nutzen aus der Technologie zu ziehen.

6.3 Limitation der Thesis und kritische Reflexion

Trotz der umfassenden Analyse und der daraus gewonnenen Erkenntnisse gibt es Limitationen, die bei der Interpretation der Ergebnisse und der gegebenen Handlungsempfehlungen berücksichtigt werden sollten.

Eine der Hauptlimitationen ist die Stichprobengröße. Obwohl die Befragten aus verschiedenen Branchen stammen und eine gewisse Vielfalt abbilden, kann die Generalisierbarkeit der Ergebnisse eingeschränkt sein. Insbesondere könnte die Stichprobe eine stärkere Fokussierung auf die Perspektive und die Bedürfnisse großer Unternehmen aufweisen, während kleinere Unternehmen möglicherweise nicht ausreichend repräsentiert sind. Diese Überrepräsentation von Großunternehmen, die meist über mehr Ressourcen verfügen, könnte die Ergebnisse beeinflussen. Zukünftige Forschungen könnten von einer größeren und breiteren Stichprobe profitieren, um die Repräsentativität der Ergebnisse zu erhöhen. Dies könnte durch einen längeren Erhebungszeitraum und eine breitere Verteilung der Umfrage erreicht werden, was im Rahmen dieser Thesis aufgrund der zeitlichen Vorgaben nicht realisiert werden konnte.

Eine größere Stichprobe ist auch erforderlich, um fundiertere Aussagen über den Einsatz von KI in spezifischen Branchen wie der Pharmaindustrie und dem Gesundheitswesen treffen zu können. Dies würde eine bessere Überprüfung der branchenspezifischen Anforderungen und ein tieferes Verständnis der Einsatzmöglichkeiten sowie Herausforderungen von KI im Marketing ermöglichen, wodurch branchenspezifische Strategien optimiert werden könnten.

Die Auswahl der Kanäle zur Ansprache von Umfrageteilnehmern war darauf ausgelegt, eine breite Zielgruppe zu erreichen und verschiedene Perspektiven einzubeziehen. Zukünftige Studien könnten durch die Einbeziehung weiterer Kommunikationswege, wie Branchenverbände oder die persönliche Ansprache kleiner und mittlerer Unternehmen, die Repräsentativität verbessern und eine größere Diversität innerhalb der Teilnehmergruppe erreichen.

Die Datenerhebung basiert auf selbstberichteten Informationen der Teilnehmer. Diese bieten zwar direkte Einblicke in die Unternehmenspraxis, können jedoch zu Verzerrungen führen, da die Antworten der Befragten von subjektiven Wahrnehmungen und Einschätzungen geprägt sein können. Die Nutzung standardisierter Fragebögen gewährleistet Objektivität und Vergleichbarkeit der Ergebnisse, birgt jedoch die Gefahr, dass neue Erkenntnisse aufgrund vordefinierter Fragen und Antwortmöglichkeiten begrenzt werden. Zukünftige Studien können durch die Kombination mit zusätzlichen Methoden wie bspw. qualitativen Experteninterviews mit Beratern, die sich auf den KI-Einsatz im Marketing spezialisiert haben, dazu beitragen, die Validität der Ergebnisse weiter zu stärken und zu ergänzen.

Aus den Ergebnissen geht zudem hervor, dass KI in der Marketingabteilung weniger häufig von Großunternehmen sowie Unternehmen mit zunehmendem Alter eingesetzt wird und ebenfalls branchenbezogene Unterschiede vorliegen. Um die Gründe für diese Verteilung zu verstehen, sollten zukünftig Untersuchungen durchgeführt werden, um die zugrunde liegenden Ursachen zu identifizieren. Aufgrund des begrenzten Umfangs dieser Arbeit war es jedoch nicht möglich, eine tiefere Analyse dieser Unterschiede vorzunehmen.

Die deskriptive Auswertung sowie die Korrelations- und Regressionsanalyse bieten wertvolle Einsichten in die Nutzung und die Auswirkungen von KI in Marketingabteilungen. Bei der Interpretation der Ergebnisse ist es jedoch wichtig den Abstraktionsgrad der Daten zu berücksichtigen. Dieser wird durch die aggregierten Lage- und Streuungsmaße sowie potenzielle Einflussfaktoren beeinflusst, die möglicherweise nicht vollständig erfasst wurden, wie aus der Analyse hervorgeht.

Es wurde gezeigt, dass die Nutzungsintensität zum Teil durch die identifizierten Faktoren erklärt werden kann, jedoch könnten weitere Faktoren einen Einfluss auf die Nutzungsintensität haben. Diese zusätzlichen Faktoren sollten in zukünftigen Forschungen identifiziert und ihre Auswirkungen auf die Nutzung von KI in Marketingabteilungen genauer untersucht werden. Dies würde dazu beitragen, ein tiefergehendes Verständnis für die Dynamik der KI-Nutzung in Marketingabteilungen zu entwickeln.

Die Daten und Erkenntnisse dieser Studie sind zum Zeitpunkt der Erhebung aktuell, aber die rasche Entwicklung von KI-Technologien bedeutet, dass sich die Ergebnisse möglicherweise in Zukunft ändern können. Es ist wichtig, dass Unternehmen sich dieser dynamischen Natur bewusst sind und regelmäßige Updates sowie Anpassungen vornehmen, um die Relevanz der Erkenntnisse aufrechtzuerhalten.

Fazit 7

Der Einsatz von KI kann das Marketing grundlegend transformieren und eröffnet verschiedene Potenziale. Es existiert eine Vielzahl von Aktivitäten im Marketing, die durch die Technologie unterstützt oder vollständig automatisiert werden können. Die vorliegende Masterthesis untersucht die Anwendungsmöglichkeiten sowie die Potenziale und Herausforderungen, die mit dem Einsatz von KI in Marketingabteilungen einhergehen können und die aktuellen Gegebenheiten in Marketingabteilungen. Das Ziel dieser Arbeit war es, konkrete Handlungsempfehlungen für Unternehmen bezüglich des Einsatzes von künstlicher Intelligenz in der Marketingabteilung zu entwickeln, basierend auf einer umfassenden Analyse theoretischer Grundlagen sowie den empirischen Erkenntnissen aus Befragungen.

Um konkrete Handlungsempfehlungen zu definieren, wurde zuerst untersucht, welche Aufgaben in der Marketingabteilung anfallen und welche dieser Aufgaben durch KI unterstützt oder übernommen werden können. Es hat sich gezeigt, dass KI bei Aktivitäten entlang des gesamten Marketingprozesses eingesetzt werden kann. Der Marketingprozess umfasst die Phasen: Situationsanalyse, Marketingziele, Marketingstrategie, Marketinginstrumente, Marketingimplementierung und Marketingcontrolling.

Zudem wurden Potenziale und Herausforderungen für Unternehmen identifiziert, die mit dem Einsatz von KI in der Marketingabteilung einhergehen können. Zu den identifizierten möglichen Potenzialen zählen die Steigerung der Produktivität, Qualität, Effizienz, Effektivität und des Umsatzes, die Verbesserung der Reaktionsfähigkeit, Kundenerfahrung und -bindung sowie Kostenreduzierung, Innovationsförderung und die Chance, neue Märkte zu erschließen. Unternehmen können somit durch den gezielten Einsatz von KI in der Marketingabteilung vielfältige Potenziale und Wettbewerbsvorteile realisieren. Allerdings können Unternehmen bei der Implementierung und dem Einsatz von KI auch mit unterschiedlichen Herausforderungen konfrontiert sein, wie der Qualifikation und

D. Gründel, *Künstliche Intelligenz in der Marketingabteilung*, BestMasters,
https://doi.org/10.1007/978-3-658-50037-5_7

Akzeptanz der Mitarbeiter, der Datenqualität im Unternehmen, der Fehlerhaftigkeit und Nachvollziehbarkeit der KI, Datenschutz, Gesetzen, Ethik, technischen sowie organisatorischen Anforderungen, Kosten und dem Nichteinhalten von KI-Richtlinien im Unternehmen.

Basierend auf den identifizierten Anwendungsmöglichkeiten, Potenzialen und Herausforderungen wurde anschließend eine Umfrage im Rahmen der empirischen Forschung durchgeführt, um den aktuellen Stand des KI-Einsatzes in Marketingabteilungen zu untersuchen.

In Bezug auf die Anwendung und Nutzung von KI in Marketingabteilungen liefern die Umfrageergebnisse folgende zentrale Erkenntnisse: Insgesamt geben 63,6 % der Befragten an, dass ihr Unternehmen offiziell/genehmigt KI im Marketing einsetzt. Branchenspezifische Unterschiede zeigen sich besonders deutlich in der Pharmaindustrie und im Gesundheitswesen, wo KI bisher nicht in der Marketingabteilung eingesetzt wird. Dies kann auf branchenspezifische Anforderungen zurückzuführen sein. Zudem weisen größere und ältere Unternehmen tendenziell einen geringeren Einsatz von KI auf.

Die Umfrageergebnisse verdeutlichen, dass KI in der Praxis in allen Phasen des Marketingprozesses eingesetzt wird, wobei die Situationsanalyse, Marketinginstrumente und Marketingimplementierung die häufigsten Anwendungsbereiche darstellen. Im Gegensatz dazu ist der Einsatz in der strategischen Marketingplanung geringer. In Bezug auf die Nutzungsintensität in den verschiedenen Phasen des Marketingprozesses zeigt sich, dass die Hälfte der Marketingabteilungen KI gar nicht oder nur selten einsetzt. Im Durchschnitt ist die Nutzung in den Bereichen „Marketingimplementierung – Umsetzung der Marketinginstrumente", „Marketinginstrumente – Kommunikationspolitik", „Situationsanalyse – Sammlung und Aufbereitung von Daten" und „Marketinginstrumente – Produkt- und Programmpolitik" vergleichsweise hoch. Insgesamt ist die Intensität der Nutzung im Durchschnitt eher gering. Die Streuung der Ergebnisse zeigt jedoch, dass einige Unternehmen eine höhere Nutzungsintensität in den verschiedenen Phasen des Marketingprozesses aufweisen. Somit nutzen einige Unternehmen KI intensiver als andere, was auf unterschiedliche Integrationsphasen oder Herausforderungen hinweist. Zudem besteht eine Diskrepanz zwischen der offiziellen/genehmigten Nutzung von KI und der persönlichen Nutzung durch Mitarbeiter.

Die Untersuchung ergab, dass der aktuelle Einsatz von KI in Marketingabteilungen zu allen identifizierten Potenzialen führt und eine höhere Nutzungsintensität stärkere Verbesserungen bewirkt, insbesondere bei der Effizienzsteigerung, Effektivitätssteigerung, Innovationsförderung, Produktivitätssteigerung und Qualitätssteigerung. Alle identifizierten Potenziale werden von den Befragten wahrgenommen, jedoch zeigen die Ergebnisse, dass die Verbesserungen in den Bereichen

„Erschließung neuer Märkte", „Kundenbindung", „Umsatzsteigerung" und „Kundenerfahrung" geringer ausfallen, was auf die eher geringe Nutzungsintensität zurückzuführen sein kann. Zudem wurden „Geschwindigkeit" und „Außenwirkung" als weitere Potenziale genannt, die teilweise in die bereits aufgeführten Potenziale fallen, jedoch in zukünftigen Forschungen weiter untersucht werden müssen.

Zudem verdeutlicht die Untersuchung, dass Unternehmen bei der Implementierung und Nutzung von KI in Marketingabteilungen mit verschiedenen Herausforderungen konfrontiert sind. Zu den am häufigsten genannten Herausforderungen zählen die Fehlerhaftigkeit der KI, der Datenschutz, die Qualifikation der Mitarbeiter, Nachvollziehbarkeit der KI und Akzeptanz der Mitarbeiter. Unternehmen sind im Durchschnitt moderat bis gut in Bezug auf die Faktoren aufgestellt. Insbesondere bei der Mitarbeiterakzeptanz gegenüber KI, dem Bewusstsein für die Fehlerhaftigkeit der Technologie und dem Verständnis über Datenschutz sind Unternehmen gut aufgestellt. Allerdings gibt es Defizite beim Investitionsbudget, der Datenqualität und der Nachvollziehbarkeit der KI, was die Implementierung und das Vertrauen in KI-Technologien erschweren könnte. Trotz der positiven Aufstellung der Unternehmen bei den Faktoren ist die Nutzungsintensität von KI eher gering. Dies kann auf eine unzureichende Integration der Technologie oder auf ein noch nicht ausreichendes Niveau der Faktoren hinweisen.

Es wurde festgestellt, dass die Qualifikation der Mitarbeiter einen signifikanten Einfluss auf die Nutzungsintensität von KI hat, während andere Faktoren wie bspw. das Investitionsbudget und die Datenqualität im Unternehmen keinen signifikanten Einfluss zeigen. Die untersuchten Variablen erklären 54,9 % der Streuung der allgemeinen Nutzungsintensität von KI in der Marketingabteilung, was darauf hinweist, dass weitere nicht untersuchte Faktoren ebenfalls von Bedeutung für die Höhe der Nutzungsintensität sind.

Auf Basis der Untersuchungen wurden konkrete Handlungsempfehlungen für Unternehmen bezüglich des Einsatzes von künstlicher Intelligenz in der Marketingabteilung entwickelt. Angesichts des zunehmenden Einsatzes von KI in Marketingabteilungen und der damit verbundenen Potenziale sollten Unternehmen KI in ihren Marketingprozessen implementieren und nutzen. Es wird empfohlen, den Einsatz von KI entlang des gesamten Marketingprozesses zu prüfen, um die Potenziale voll auszuschöpfen. Für eine hohe Nutzungsintensität und starke Verbesserungen wird zudem geraten, umfassende Schulungs- und Qualifizierungsprogramme für Mitarbeiter zu etablieren und zusätzliche Maßnahmen zur Steigerung der Nutzungsintensität zu ergreifen. Angesichts branchenspezifischer Unterschiede bei der KI-Nutzung sollten Unternehmen ihre KI-Strategien an die spezifischen Anforderungen ihrer Branche anpassen. Um die Integration von KI erfolgreich voranzutreiben, ist es wichtig, die Herausforderungen zu identifizieren und gezielt zu bewältigen. Da sich sowohl KI-Technologien als auch das Unternehmensumfeld kontinuierlich weiterentwickeln, wird empfohlen, den KI-Einsatz im Marketing fortlaufend zu überwachen und anzupassen, um langfristig den Erfolg und die Wirksamkeit des KI-Einsatzes zu gewährleisten.

Die Ergebnisse und Handlungsempfehlungen dieser Arbeit sind trotz Limitationen relevant. Aufgrund der begrenzten Stichprobengröße und der Überrepräsentation von Großunternehmen sind die Ergebnisse in ihrer Generalisierbarkeit eingeschränkt. Selbstberichtete Daten könnten Verzerrungen unterliegen, während standardisierte Fragebögen zwar Objektivität bieten, jedoch neue Erkenntnisse begrenzen können. Zukünftige Forschungen sollten qualitative Methoden ergänzen und weitere Einflussfaktoren untersuchen, um ein umfassenderes Verständnis der KI-Nutzung in Marketingabteilungen zu erhalten. Branchenspezifische Unterschiede und die geringere KI-Nutzung durch Großunternehmen sowie bei zunehmendem Alter von Unternehmen erfordern weitere Untersuchungen.

Die Entwicklung von KI im Marketing befindet sich noch in einer frühen, dynamischen Phase. Zukünftig wird erwartet, dass fortschreitende Technologien die Anwendungsmöglichkeiten von KI in Marketingabteilungen weiter revolutionieren werden. Unternehmen sollten sich auf eine verstärkte Integration von KI entlang des gesamten Marketingprozesses vorbereiten, um die verschiedenen Potenziale umfassend zu nutzen. Eine zentrale Rolle spielt die Qualifizierung der Mitarbeiter im Umgang mit KI, um deren Akzeptanz und die effektive Nutzung im Unternehmen zu fördern. Ebenfalls wichtig ist die Weiterentwicklung der Datenschutzstandards und ethischen Richtlinien, um das Vertrauen der Kunden zu wahren und regulatorischen Anforderungen gerecht zu werden. Zudem werden sich die KI-Gesetze verändern und möglicherweise neue in Kraft treten, die regelmäßig von Unternehmen geprüft werden müssen.

Die rasante Entwicklung von KI erfordert eine kontinuierliche Überwachung und Anpassung seitens der Unternehmen. Durch eine proaktive Herangehensweise können Unternehmen nicht nur von den aktuellen Potenzialen profitieren, sondern auch langfristig wettbewerbsfähig bleiben und sich zukünftig erfolgreich am Markt positionieren.

Quellenverzeichnis

a) Literatur

Backhaus, K./ Erichson, B./ Gensler, S./ Weiber, R./ Weiber, T. (2023): Multivariate Analysemethoden. Eine anwendungsorientierte Einführung. 17. Aufl. Wiesbaden: Springer Fachmedien Wiesbaden GmbH 2023

Benecken, F. (2020): Die Kunst, Kundenwünsche zu verstehen – oder, wie Automation und künstliche Intelligenz dabei helfen, die Kundenwünsche zu erkennen und zu beantworten. In: Köhler-Schute, C. (Hrsg.): Robotic Process Automation in Unternehmen: Praxisorienterte Methoden und Vorgehensweisen zur Umsetzung von RPA-Initiativen. Berlin: KS-Energy-Verlag 2020, S. 1–9, verfügbar unter: https://www.nuance.com/content/dam/nuance/de_de/collateral/enterprise/report/rpt-nuance-rpa-de-de.pdf

Boßow-Thies, S./ Gansser, O. (2022): Grundlagen empirischer Forschung in quantitativen Masterarbeiten. In: Boßow-Thies, S./ Krol, B. (Hrsg.): Quantitative Forschung in Masterarbeiten. Best-Practice-Beispiele wirtschaftswissenschaftlicher Studienrichtungen. Wiesbaden: Springer Fachmedien Wiesbaden GmbH 2022, S. 1–30

Bruhn, M. (2022): Marketing. Grundlagen für Studium und Praxis. 15. Aufl. Wiesbaden: Springer Fachmedien Wiesbaden GmbH 2022

Brühl, V. (2019): Big Data, Data Mining, Machine Learning und Predictive Analytics: Ein konzeptioneller Überblick. CFS Working Paper Series, No. 617, Goethe University Frankfurt, Center for Financial Studies (CFS). Frankfurt a. M. (2019), verfügbar unter: https://www.econstor.eu/bitstream/10419/191736/1/1047269953.pdf

Buchkremer, R. (2024): Künstliche Intelligenz trifft Marketing: Ein generativer Review-Ansatz zur Analyse aktueller Forschungstrends. In: PraxisWissen, German Journal of Marketing, Arbeitsgemeinschaft für Marketing, Heft 01/2024, S. 6–33, verfügbar unter: https://arbeitsgemeinschaft.marketing/praxiswissen-marketing-1-2024

Bundesministerium für Wirtschaft und Energie (2021): Herausforderungen beim Einsatz von Künstlicher Intelligenz. Ergebnisse einer Befragung von jungen und mittelständischen Unternehmen in Deutschland. Berlin: Bundesministerium für Wirtschaft und Energie (BMWi) 2021, verfügbar unter: https://www.de.digital/DIGITAL/Redaktion/DE/Digitalisierungsindex/Publikationen/publikation-download-ki-herausforderungen.pdf?__blob=publicationFile&v=3

D. Gründel, *Künstliche Intelligenz in der Marketingabteilung*, BestMasters,
https://doi.org/10.1007/978-3-658-50037-5

Bundesverband Informationswirtschaft, Telekommunikation und neue Medien e.V./ Deutsches Forschungszentrum für Künstliche Intelligenz GmbH (2017): Künstliche Intelligenz. Wirtschaftliche Bedeutung, gesellschaftliche Herausforderungen, menschliche Verantwortung. Berlin/ Kaiserslautern: Bundesverband Informationswirtschaft, Telekommunikation und neue Medien e.V./Deutsches Forschungszentrum für Künstliche Intelligenz GmbH 2017, verfügbar unter: https://www.dfki.de/fileadmin/user_upload/import/9744_171012-KI-Gipfelpapier-online.pdf

Bünte, C. (2021a): Künstliche Intelligenz in Marketing und Vertrieb. In: Hannig, U. (Hrsg.): Marketing und Sales Automation. Grundlagen – Umsetzung – Anwendungen. 2. Aufl. Wiesbaden: Springer Fachmedien Wiesbaden GmbH 2021, S.465–488

Bünte, C. (2023a): KI-basierte Ökosysteme – ein Blick in Wirtschaft und Marketing von morgen. In: Schuster, G./ Wecke, B. (Hrsg.): Marketingtechnologien. Innovative Unternehmenspraxis: Insights, Strategien und Impulse. Wiesbaden: Springer Fachmedien Wiesbaden GmbH 2023, S. 21–30

Bünte, C. (2023b): So geht Digital Marketing. Tools, Tipps und Trends für die Praxis. Wiesbaden: Springer Fachmedien Wiesbaden GmbH 2023

CENTOURIS (2023): Ergebnisse der Online-Kundenbefragung über Künstliche Intelligenz im Alltag sowie im Kontext des Reisevertriebs/Tourismusaspekts, ReiseZukunft, Studienergebnisse 2023, verfügbar unter: https://reisezukunft.de/wp-content/uploads/2023/06/ReiseZukunft-Studie_KI-aus-Kundensicht.pdf

Choudary, S. P. (2024): How to win at Enterprise AI. The Service-as-a-software playbook. Platform Thinking Labs 2024, verfügbar unter https://platforms.substack.com/p/how-to-win-at-enterprise-ai-a-playbook

Dumitrescu, R./ Özcan, L./Ködding, P./ Foullois, M./ Bernijazov, R. (2021): KI-Marktplatz. Künstliche Intelligenz in der Produktentstehung. Paderborn: Heinz Nixdorf Institut, Universität Paderborn 2021, verfügbar unter: https://ki-marktplatz.com/wp-content/uploads/2021/02/KI-MP_Whitepaper.pdf

Eckstein, P. P. (2019): Statistik für Wirtschaftswissenschaftler. Eine realdatenbasierte Einführung mit SPSS. 6. Aufl. Wiesbaden: Springer Fachmedien Wiesbaden GmbH 2019

Fahrmeir, L./ Heumann, C./ Künstler, R./ Pigeot, I./ Tutz, G. (2023): Statistik. Der Weg zur Datenanalyse. 9 Aufl. Berlin: Springer-Verlag GmbH 2023

Frank, K. (2023): Die Smarte Marketing-Mix-Werkstatt. Eine Lösung für die unterschätzte Herausforderung der Abhängigkeiten unter den Instrumenten im Marketing-Mix – mit Fallbeispielen. Wiesbaden: Springer Fachmedien Wiesbaden GmbH 2023

Fröhlich, E./ Lord, S./ Steinbiß, K./ Werber, T. (2018): Marketing. Theorie und Praxis. Konstanz: UVK Verlagsgesellschaft mbH 2018

Gansen, F./ Pichotta, M. (2023): Marketing-Mix. In: Rogowski, W. (Hrsg.): Management im Gesundheitswesen. Fallstudien, Aufgaben und Lösungen. 2. Aufl. Wiesbaden: Springer Fachmedien Wiesbaden GmbH 2023, S. 37–43

Gentsch, P. (2019): Künstliche Intelligenz für Sales, Marketing und Service. Mit AI und Bots zu einem Algorithmic Business – Konzepte und Best Practices. 2. Aufl. Wiesbaden: Springer Fachmedien Wiesbaden GmbH 2019

Gutting, D. (2020): Interkulturelles Marketing im digitalen Zeitalter. Strategien für den globalen Markterfolg. Wiesbaden: Springer Fachmedien Wiesbaden GmbH 2020

Handschuh, M./ Detscher, S. (2021): Künstliche Intelligenz im Marketing und im Vertrieb – Evolutionsstufen und Anwendungsbereiche. In: Detscher, S. (Hrsg.): Digitales Management und Marketing. So nutzen Unternehmen die Marktchancen der Digitalisierung. Wiesbaden: Springer Fachmedien Wiesbaden GmbH 2021, S. 293–303

Harlacher, M./ Shahinfar, F./ Peifer, Y./ Eisele, O./ Jeske, T. (2023): Künstliche Intelligenz – Chance für Wirtschaft und Arbeitsgestaltung. In: Stowasser, S. (Hrsg.): Künstliche Intelligenz (KI) und Arbeit. Leitfaden zur soziotechnischen Gestaltung von KI-Systemen. Berlin: Springer-Verlag GmbH 2023, S. 1–15

Helmold, M. (2022): Performance Excellence in Marketing, Sales and Pricing. Leveraging Change, Lean and Innovation Management. Cham: Springer Nature Switzerland AG 2022

Hutzschenreuter, T. (2022): Allgemeine Betriebswirtschaftslehre. Grundlagen mit zahlreichen Praxisbeispielen. 7. Aufl. Wiesbaden: Springer Fachmedien Wiesbaden GmbH 2022

Initiative Intelligente Vernetzung (o.D.): Künstliche Intelligenz – Impulse zu einem Megatrend. Gefördert vom Bundesministerium für Wirtschaft und Energie. Berlin: Initiative Intelligente Vernetzung c/o Roland Berger GmbH, verfügbar unter: www.bmwk.de/Redaktion/DE/Publikationen/Technologie/kuenstliche-intelligenz-impulse-zu-einem-megatrend.pdf?__blob=publicationFile&v=1

Kaperonis, S. (2024): How Artificial Intelligence (AI) is Transforming the User Experience in Digital Marketing. In: Teixeira, S. /Remondes, J. (Hrsg.): The Use of Artificial Intelligence in Digital Marketing: Competitive Strategies and Tactics. Hershey, PA: IGI Global, 2024, S. 117–141

Knauseder, L./ Reichhartinger, D./ Wimmer, H. (2016): Grundlagen des Online-Marketing. In: Kammerzelt, H./ Wimmer, H. (Hrsg.): Online-Marketing. Grundlagen – Planung – Durchführung – Messung. Band 2. Baden-Baden: Nomos Verlagsgesellschaft 2016, S. 19–37

Kotler, P./ Armstrong, G./ Wong, V./ Saunders, J. (2011): Grundlagen des Marketing. 5. Aufl. München: Pearson Education Deutschland GmbH 2011

Krauss, P. (2023): Künstliche Intelligenz und Hirnforschung. Neuronale Netze, Deep Learning und die Zukunft der Kognition. Berlin: Springer-Verlag GmbH 2023

Kreutzer, R. T. (2022): Praxisorientiertes Marketing. Grundlagen – Instrumente – Fallbeispiele. 6. Aufl. Wiesbaden: Springer Fachmedien Wiesbaden GmbH 2022

Kreutzer, R. T. (2023): Künstliche Intelligenz verstehen. Grundlagen – Use-Cases – unternehmenseigene KI-Journey. 2. Aufl. Wiesbaden: Springer Fachmedien Wiesbaden GmbH 2023

Lang, V. (2022): Digitale Kompetenz: Grundlagen der Künstlichen Intelligenz, Blockchain-Technologie, Quanten-Computing und deren Anwendungen für die Digitale Transformation. Kalifornien: APress Media, LLC 2022

Lucco, A./ Rüeger, B./ Ergenzinger, R./ Thommen, J. (2016): Marketing. Konzepte – Instrumente – Aufgaben. 4. Aufl. Zürich: Versus Verlag AG 2016

Meffert, H./ Burmann, C./ Kirchgeorg, M./ Eisenbeiß, M. (2024): Marketing. Grundlagen marktorientierter Unternehmensführung. Konzepte – Instrumente – Praxisbeispiele. 14. Aufl. Wiesbaden: Springer Fachmedien Wiesbaden GmbH 2024

Mirwan, S./ Ginny, P./ Darwin, D./ Ghazali, R./ Lenas, M. (2023): Using Artificial Intelligence (AI) in Developing Marketing Strategies. In: International Journal of Applied Research and Sustainable Sciences, Vol. 1 No. 3, 2023, S. 225–238

Mockenhaupt, A./ Schlagenhauf, T. (2024): Digitalisierung und Künstliche Intelligenz in der Produktion. Grundlagen und Anwendungen. 2. Aufl. Wiesbaden: Springer Fachmedien Wiesbaden GmbH 2024

Mühlenhöver, R. (2022): Wie Künstliche Intelligenz Salesteams Flügel verleiht. In: SalesEx, 11 / 2022, S. 16–17

Pieper, J. (2023): Künstliche Intelligenz im Marketing. Ein anwendungsorientierter Überblick. In: Lucas, C./ Schuster G. (Hrsg.): Innovatives und digitales Marketing in der Praxis. Insights, Strategien und Impulse für Unternehmen. Wiesbaden: Springer Fachmedien Wiesbaden GmbH 2023, S. 221–232

Runia, P. M./ Wahl, F./ Geyer, O./ Thewißen, C. (2019): Marketing. Prozess- und praxisorientierte Grundlagen. 5 Aufl. Berlin/Boston: Walter de Gruyter GmbH 2019

Sarstedt, M./ Wecke, B. (2022): Skalierung von KI im Marketing und die neue Rolle des CMO. Wiesbaden: Springer Fachmedien Wiesbaden GmbH 2022

Scharf, A./ Schubert, B./ Hehn, P. (2022): Marketing. Einführung in Theorie und Praxis. 7. Aufl. Stuttgart: Schäffer-Poeschel Verlag 2022

Schützeneder, J./ Graßl, M./ Maier, K. (2024): Grenzen überwinden, Chancen gestalten. KI im journalistischen Newsroom – Bestandsaufnahme, Perspektiven und Empfehlungen für Journalismus und Politik. Bonn: Friedrich-Ebert-Stiftung 2024, verfügbar unter: https://library.fes.de/pdf-files/a-p-b/20987.pdf

Siebertz, K./ van Bebber, D./ Hochkirchen, T. (2017): Statistische Versuchsplanung. Design of Experiments (DoE). 2. Aufl. Berlin: Springer-Verlag GmbH 2017

Sivaraman, S. (2023): AI IN MARKETING: THE TRANSFORMATION OF CUSTOMER ENGAGEMENT STRATEGIES. In: Journal of the Asiatic Society of Mumbai, Vol. XCVI, No.34, 2023, S. 67–75

Stern, P./ Büllesfeld, E./ Bierkandt, J. (2021): KI im Datenmanagement. Einblicke in die Anwendungsmöglichkeiten. Stuttgart: Fraunhofer IAO 2021

Terstiege, M./ Cinar, M. (2021): KI als Effizienztreiber von Marketing und Vertrieb. In: Lichtenthaler, U. (Hrsg.): Künstliche Intelligenz erfolgreich umsetzen. Praxisbeispiele für integrierte Intelligenz. Wiesbaden: Springer Fachmedien Wiesbaden GmbH 2021, S. 265–277

Vogler, A. (2023): Digitale Managementpraxis. Mit kollektiver und künstlicher Intelligenz den exponentiellen Wandel meistern. Berlin: Springer-Verlag GmbH 2023

Wagener, A. (2019): Künstliche Intelligenz im Marketing – ein Crashkurs. Freiburg: Haufe-Lexware GmbH & Co. KG 2019

Wuttke, L. (2021): Der Einsatz künstlicher Intelligenz zur Optimierung von Marketing- und Vertriebsprozessen. In: Lacher, S./ Tachkov, P./ Völker, R. (Hrsg.): Digitalisierung im Marketing. Was Unternehmen heute für den Erfolg von morgen tun müssen. Stuttgart: W. Kohlhammer GmbH 2021, S. 275–284

Xiong, X. (2022): Critical Review of Quantitative and Qualitative Research. In: Atlantis Press (Hrsg.): Advances in Social Science, Education and Humanities Research, volume 670, Proceedings of the 2022 3rd International Conference on Mental Health, Education and Human Development (MHEHD 2022), S. 956–959

b) Internetquellen

American Marketing Association (o.D.): Definitions of Marketing (Webpage). Abgerufen von https://www.ama.org/the-definition-of-marketing-what-is-marketing/, Abrufdatum 10.04.2024

Arnold, V. (2024, Januar 24): KI Anwendungen im Unternehmen. So kreierst du einen unschlagbaren Marketingplan mit KI (Blog). Abgerufen von https://neuroflash.com/de/blog/marketingplan-mit-ki-erstellen/, Abrufdatum 01.05.2024

Ascend2 (2023, März): Einsatz von KI im Marketing weltweit 2023 (Statistik), zitiert nach de.statista.com. Abgerufen von https://de.statista.com/statistik/daten/studie/1457799/umfrage/einsatz-von-ki-im-marketing-weltweit/, Abrufdatum 30.04.2024

Astera Software (2024, April 2): Ein tiefer Einblick in die Datenzuverlässigkeit und was sie für Sie bedeutet (Blog). Abgerufen von https://www.astera.com/de/knowledge-center/data-reliability/, Abrufdatum 28.06.2024

Aswestopoulos, W. (2024, Februar 17): KI produziert Fehler und Fakes: Wie zuverlässig ist die Zukunftstechnologie? (Artikel). Abgerufen von https://www.telepolis.de/features/KI-produziert-Fehler-und-Fakes-Wie-zuverlaessig-ist-die-Zukunftstechnologie-9628265.html, Abrufdatum 14.05.2024

Bachmann, M. (2024, Januar 8): Falscher Umgang mit KI kommt Unternehmen teuer zu stehen. KI-Richtlinien nicht beachtet: Unternehmen muss 300.000 Euro Strafe zahlen (Artikel). Abgerufen von https://www.gruender.de/kuenstliche-intelligenz/ki-richtlinie/, Abrufdatum 03.05.2024

Bayer, K. (2020, Juni 3): Die Bedeutung des Marketing! (Blog). Abgerufen von https://www.marketinginstitut.biz/blog/die-bedeutung-des-marketing/, Abrufdatum 10.04.2024

Bernecker, M. (2023, Oktober 23): Künstliche Intelligenz – Was ist das eigentlich? (Blog). Abgerufen von www.marketinginstitut.biz/blog/kuenstliche-intelligenz/, Abrufdatum 17.04.2024

Bocks, B. (2024, April 8): Diese KI-Trends sorgen 2024 für mehr Umsatz im Vertrieb (Online-Artikel). Abgerufen von https://www.springerprofessional.de/e-commerce/vertriebstools/diese-ki-trends-sorgen-2024-fuer-mehr-umsatz-im-vertrieb/26947598?searchResult=1.KI%20produktempfhelungen&searchBackButton=true, Abrufdatum 21.04.2024

Börner, Y. (2016, Juli 22): Wie funktioniert OCR? Einfach und verständlich erklärt (Webpage). Abgerufen von https://praxistipps.chip.de/wie-funktioniert-ocr-einfach-und-verstaendlich-erklaert_48935, Abrufdatum 16.04.2024

Brand Science Institute (2024, Januar): Bisherige Erfahrungen mit künstlicher Intelligenz im Marketing in Deutschland 2024 (Statistik), zitiert nach de.statista.com. Abgerufen von https://de.statista.com/statistik/daten/studie/1447735/umfrage/bisherigen-erfahrungen-mit-kuenstlicher-intelligenz-im-marketing-in-deutschland/, Abrufdatum 30.04.2024

Bundesministerium der Justiz (2024, März): Künstliche Intelligenz und Urheberrecht – Fragen und Antworten – (Veröffentlichung). Abgerufen von https://www.bmj.de/SharedDocs/Downloads/DE/Themen/Nav_Themen/240305_FAQ_KI_Urheberrecht.pdf?__blob=publicationFile&v=2, Abrufdatum 14.05.2024

Bünte, C. (2021b): Studie: Künstliche Intelligenz – die Zukunft des Marketings (Studie). Abgerufen von https://www.srh-berlin.de/fileadmin/Hochschule_Berlin/B.A._IBWL_Marketing/Studie_KI_-_die_Zukunft_des_Marketings_2021_2-2.pdf, Abrufdatum 30.04.2024

Detschades, A. (2023, August 11): Künstliche Intelligenz im Content Marketing: Diese Prompts und Tools solltest du kennen! (Artikel). Abgerufen von https://omr.com/de/reviews/contenthub/kuenstliche-intelligenz-im-content-marketing, Abrufdatum 01.05.2024

Deutsche Krankenhausgesellschaft (2022, Dezember 8): Informationssicherheit im Krankenhaus Branchenspezifischer Sicherheitsstandard (B3S) (Webpage). Abgerufen von https://www.dkgev.de/themen/digitalisierung-daten/informationssicherheit-und-technischer-datenschutz/informationssicherheit-im-krankenhaus/, Abrufdatum 28.06.2024

Dlouhy, N. (2020, Februar 24): Start-ups sind die Agilitätstreiber der Wirtschaft (Artikel). Abgerufen von https://www.springerprofessional.de/unternehmensgruendung/agile-methoden/start-ups-sind-die-agilitaetstreiber-der-wirtschaft/17608254, Abrufdatum 28.06.2024

Europäisches Parlament (2024, Juni 19): KI-Gesetz: erste Regulierung der künstlichen Intelligenz (Artikel). Abgerufen von https://www.europarl.europa.eu/topics/de/article/20230601STO93804/ki-gesetz-erste-regulierung-der-kunstlichen-intelligenz, Abrufdatum 28.06.2024

Fraunhofer-Institut für Intelligente Analyse- und Informationssysteme IAIS (o.D.): KI-basierte Warenplanung und -verteilung (Webpage). Abgerufen von https://www.iais.fraunhofer.de/de/institut/abteilungen/enterprise-information-systems/ki-basierte-warenplanung-und-verteilung.html, Abrufdatum 01.05.2024

Fraunhofer-Institut für Kognitive Systeme IKS (o.D.): Künstliche Intelligenz (KI) und maschinelles Lernen (Webpage). Abgerufen von www.iks.fraunhofer.de/de/themen/kuenstliche-intelligenz.html, Abrufdatum 16.04.2024

HORIZONT Content Studio (2024, Januar 29): Handel trifft auf künstliche Intelligenz: Wie ein Möbelgigant KI professionell adaptiert (Online-Artikel). Abgerufen von https://www.horizont.net/marketing/nachrichten/marketingstrategie-handel-trifft-auf-kuenstliche-intelligenz-wie-ein-moebelgigant-ki-professionell-adaptiert-217397, Abrufdatum 19.04.2024

Hörl, F./ Reinz, A. (2024, Februar 26): KI und Arbeitsrecht – Was ist für Unternehmen zu beachten? (Artikel). Abgerufen von https://www.eversheds-sutherland.com/de/germany/insights/ki-und-arbeitsrecht, Abrufdatum 03.05.2024

Janotta, A. (2016, Juni 28): Gehaltstabelle. Vom Trainee bis zum CMO: Das Gehalt klettert um fast 120.000 Euro (Artikel). Abgerufen von https://www.wuv.de/Dossier/Gehaltscheck-Das-zahlt-die-Branche/Vom-Trainee-bis-zum-CMO-Das-Gehalt-klettert-um-fast-120.000-Euro, Abrufdatum 24.05.2024

Luber, S. (2024, Januar 31): Was ist subsymbolische KI? (Webpage). Abgerufen von www.bigdata-insider.de/was-ist-subsymbolische-ki-a-6005faede043b6898ff51d9365d36391/, Abrufdatum 16.04.2024

McKinsey & Company (2018, November 13): AI adoption advances, but foundational barriers remain (Artikel). Abgerufen von https://www.mckinsey.com/featured-insights/artificial-intelligence/ai-adoption-advances-but-foundational-barriers-remain, Abrufdatum 04.05.2024

McKinsey Global Institute (2017, Juni 15): How artificial intelligence can deliver real value to companies (Artikel). Abgerufen von https://www.mckinsey.com/capabilities/quantumblack/our-insights/how-artificial-intelligence-can-deliver-real-value-to-companies, Abrufdatum 04.05.2024

Moulto, T. (2024, Januar 17): How Artificial Intelligence (AI) Drives Change Management (Online-Artikel). Abgerufen von https://changemanagementreview.com/how-artificial-intelligence-ai-drives-change-management/, Abrufdatum 01.05.2024

Newberry, C. (2023, April 13): KI-gestützte Content-Erstellung: 6 Tools für Social-Media-Manager (Blog). Abgerufen von https://blog.hootsuite.com/de/ki-gestuetzte-content-erstellung-tools/, Abrufdatum 01.05.2024

Next Move Strategy Consulting (2023, Januar): Globales KI-Marktvolumen bis 2030 (Statistik), zitiert nach de.statista.com. Abgerufen von https://de.statista.com/statistik/daten/studie/1405265/umfrage/kuenstliche-intelligenz-marktvolumen/, Abrufdatum 30.04.2024

Papendieck, P. (2024, Januar 29): KI, TikTok, Nischen-Communities: So sieht Social-Media-Marketing 2024 aus (Online-Artikel). Abgerufen von https://www.horizont.net/marketing/talkingheads/tiktoks-revolution-nischen-communities-im-aufwind-und-ki-als-game-changer-so-sieht-social-media-marketing-2024-aus-217507, Abrufdatum 21.04.2024

Regorz, A. (2021, August 20): Ausreißer und Ausreißerdiagnostik bei der Regression (Anleitung). Abgerufen von http://www.regorz-statistik.de/inhalte/ausreisser_ausreisserdiagnostik_bei_regression.html#spss, Abrufdatum 20.06.2024

Rudnicka, J. (2024, März 15): Verteilung Unternehmen in Deutschland nach Unternehmensgröße 2021 (Statistik). Abgerufen von https://de.statista.com/statistik/daten/studie/731901/umfrage/verteilung-unternehmen-in-deutschland-nach-unternehmensgroesse/, Abrufdatum 28.06.2024

Schrader, S. (2023, August): KI in der Distribution. KI und das kollaborative Abenteuer in der Welt der Bauelemente-Distribution (Blog). Abgerufen von https://www.smd.com.de/blogreader/ki-in-der-distribution.html, Abrufdatum 21.04.2024

Schutzmann, I. (2024, Januar 5): KI wird schon bald vom Tool zum Teamkollegen (Online-Artikel). Abgerufen von https://www.wuv.de/Themen/Commerce/KI-wird-schon-bald-vom-Tool-zum-Teamkollegen, Abrufdatum 27.04.2024

Springer, O. (2023, April 26): 3 Probleme beim Einsatz von KI-Textgeneratoren (Blog). Abgerufen von https://www.oliverspringer.com/2023/04/26/3-probleme-beim-einsatz-von-ki-textgeneratoren/, Abrufdatum 14.05.2024

Statworx (o.D.): Preisoptimierung. Durch die Anwendung von Data Science und künstlicher Intelligenz können Sie die optimalen Preise bestimmen und somit den Umsatz Ihres Unternehmens effizient maximieren (Webpage). Abgerufen von https://www.statworx.com/ki-anwendungsgebiete/preisoptimierung/, Abrufdatum 20.04.2024

Trinkwalder, A. (2023, September 8): Blick ins Heft c't 21/2023 KI-Fehler erkennen und umgehen (Artikel). Abgerufen von https://www.heise.de/meinung/Blick-ins-Heft-c-t-21-2023-KI-Fehler-erkennen-und-umgehen-9227060.html, Abrufdatum 28.06.2024

TÜV-Verband (2021, Oktober): Umfrage zur Relevanz von KI für die Wirtschaft 2021 (Statistik), zitiert nach de.statista.com. Abgerufen von https://de.statista.com/statistik/daten/studie/1301887/umfrage/umfrage-zur-relevanz-von-ki-fuer-die-wirtschaft/, Abrufdatum 28.04.2024

Voit, M. (2024, April 3): XAI-Toolbox: Der Schlüssel zur Nachvollziehbarkeit für Erklärbare KI-Systeme (Blog). Abgerufen von https://blog.iosb.fraunhofer.de/xai-toolbox-der-schluessel-zur-nachvollziehbarkeit-fuer-erklaerbare-ki-systeme/, Abrufdatum 28.06.2024

Walther, B. (2022, Oktober 18): Autokorrelation analytisch mit Durbin-Watson testen (Anleitung). Abgerufen von https://bjoernwalther.com/autokorrelation-analytisch-mit-durbin-watson-testen/, Abrufdatum 20.06.2024

www.de.statista.com (o.D.): Branchenübersicht und dazugehörige Unterbranchen (Webpage). Abgerufen von https://de.statista.com/statistik/kategorien/, Abrufdatum 24.05.2024

www.dsgvo-gesetz.de (o.D.): Art. 1 DSGVO Gegenstand und Ziel (Gesetzestext). Abgerufen von https://dsgvo-gesetz.de/art-1-dsgvo/, Abrufdatum 14.05.2024

www.ec.europa.eu (2016, Oktober 31): Unternehmensgröße (Webpage). Abgerufen von https://ec.europa.eu/eurostat/statistics-explained/index.php?title=Glossary:Enterprise_size/de, Abrufdatum 24.05.2024

www.ibm.com (o.D.a): Was ist Spracherkennung? (Webpage). Abgerufen von www.ibm.com/de-de/topics/speech-recognition, Abrufdatum 16.04.2024

www.ibm.com (o.D.b): IBM SPSS Statistics (Webpage). Abgerufen von https://www.ibm.com/de-de/products/spss-statistics, Abrufdatum 24.05.2024

www.lamapoll.de (o.D.): Online Umfrage erstellen. Mit dem Premium Umfrage Tool (Webpage). Abgerufen von https://www.lamapoll.de/, Abrufdatum 24.05.2024

Kolibri 360 GmbH
Ferdinand-Jühlke-Straße 7
99095 Erfurt, Deutschland
produktsicherheit@kolibri360.de